U0919177

本系列丛书为浙江大学CARD国家“985”三期工程“中国新农村建设与发展研究项目”之成果。丛书的调研、写作与出版得到了浙江省农村工作办公室以及相关地市部门的大力支持，在此致谢！

中国品牌新农村系列丛书

绿色富民
湄潭

洪名勇◎主编
李　波◎副主编

图书在版编目(CIP)数据

绿色富民湄潭 / 洪名勇等主编. —杭州：浙江大学出版社，2012.11
ISBN 978-7-308-10710-5

Ⅰ.①绿… Ⅱ.①洪… Ⅲ.①农村—社会主义建设—研究—湄潭县 Ⅳ.①F327.734

中国版本图书馆 CIP 数据核字(2012)第 241477 号

绿色富民湄潭

洪名勇　主编　李　波　副主编

丛书策划　陈丽霞
责任编辑　陈丽霞
文字编辑　冯其华
封面设计　春天・书装工作室
出版发行　浙江大学出版社
（杭州市天目山路 148 号　邮政编码 310007）
（网址：http://www.zjupress.com）
排　　版　浙江时代出版服务有限公司
印　　刷　杭州杭新印务有限公司
开　　本　710mm×1000mm　1/16
印　　张　10.25
字　　数　190 千
版 印 次　2012 年 11 第 1 版　2012 年 11 月第 1 次印刷
书　　号　ISBN 978-7-308-10710-5
定　　价　29.00 元

序　一

经过30多年的改革发展，我国已经站在全面建设小康社会和向现代化迈进的新的历史起点上，正处于以城带乡、以工促农的发展新阶段，正处于加快改造传统农业、走中国特色农业现代化道路的关键时刻，正处于突破城乡二元结构、开创城乡经济社会发展一体化新格局的重要时期。"十二五"时期是全面建设小康社会的战略攻坚时期，也是中国特色工业化、城镇化和农业现代化加速推进的战略机遇期，更是我国发展方式转变的重要转折期。统筹城乡发展、建设社会主义新农村是党中央根据我国"三农"发展依然落后于工业、城市发展的严峻现实而提出来的，是贯穿于社会主义现代化建设全过程的长期任务，也是解决新时期"三农"问题、缩小城乡差距的总抓手。

建设社会主义新农村是我国现代化进程中的重大历史任务，是确保我国顺利实现全面建设小康社会和现代化目标，从根本上解决好"三农"这个重中之重问题的大战略。2005年10月，中国共产党召开了十六届五中全会，通过了关于第十一个五年规划的建议，建议中关于农业农村部分的标题就叫做"积极稳妥推进社会主义新农村建设"。自党的十六届五中全会作出了建设社会主义新农村的重大决策后，各地各部门认真贯彻中央决策部署，切实把新农村建设摆上重要位置，统筹谋划，创新思路，进行了创造性的实践。同时各地也从我国地域差异性大、发展很不平衡的实际出发，坚持遵循新农村建设的普遍规律与从当地实际出发相结合，使社会主义新农村建设取得了重大的阶段性成果，形成了众多各具地方特色的新农村建设模式。从"美丽乡村"、"幸福乡村"、"和美家园"等富有地域特色的新农村建设实践中，我们看到了社会主义新农村建设从点到面，由表及里，不断提高和升华的生动局面，有些成功的经验已经发挥出了示范和品牌效应。如浙江安吉把新农村建设与生态示范县建设紧密结合起来，建设中国美丽

乡村的创新经验已经在浙江全省推广，美丽乡村建设已成为浙江社会主义新农村建设的新目标和新标准，这也标志着浙江新农村建设已经进入了一个新阶段。从全国来看，无论是东部、中部、西部，还是东北地区，都涌现出了一批富有自身特色的新农村建设的典型县和典型村。

当前，我国新农村建设正处于深入推进的关键时期。回眸来路，六年来的成就可圈可点，特别是那些在新农村建设中先行一步、求真务实、真抓实干的县和村，已经探索出了新农村建设的新路径、新机制，对这些实践经验加以总结提炼，对其特色加以评判发掘，对其成效加以集中展示，对进一步探索有效推进新农村建设的新途径和新机制，以新的举措开创新农村建设的新局面显得尤为迫切。

基于这样的背景，浙江大学中国农村发展研究院牵头组织相关专家学者，赴典型地区，深入开展调研，并与地方政府紧密合作，总结提炼出了一批各具地方特色的中国品牌新农村案例，以系列丛书的形式加以出版，这是一件非常有意义的事情。这一系列丛书图文并茂、夹叙夹议、深入浅出、可读性强。系列丛书以定时定量的实证分析为体，以新农村新村庄分析为纲，对典型地区新农村建设的成就、模式与品牌进行了全景式的深刻剖析。系列丛书体现了理论与实践相结合的特点，更具有实践工作指导和理论学术研究的价值。相信这套丛书的出版将会对我国新农村建设的实践和理论研究起到积极的促进作用。新农村建设不断深化的实践还会催生更多更好的经验值得我们去总结推广，希望有更多的关注“三农”问题的专家学者能够继续深入实践，深入基层，总结出更多更好新农村建设的新案例，以供人们研究和借鉴。

陳錫文

2012 年 3 月

序　二

经过30多年改革开放和建设发展，我国已进入了科学发展的新时代。党的十六届五中全会提出了建设社会主义新农村的重大历史任务，是中央顺应城乡统筹发展“两个趋向”的大趋势，从我国总体上已进入以工促农、以城带乡发展新阶段的实际出发，着力于解决重中之重、难中之难、急中之急的“三农”问题，着力缩小城乡差距，顺利推进全面建设小康社会和现代化宏伟事业所作出的与时俱进的战略决策，这已成为全党和全国广大农民群众的自觉行动。

浙江省作为我国东部沿海的发达地区，农村改革发展走在全国前列。从2003年开始，浙江省就按照党中央提出的统筹城乡发展方略，大力实施“千村示范、万村整治”工程，按照“干在实处、走在前列”的要求，开展以村庄环境整治为重点的社会主义新农村建设的实践探索。为深入贯彻落实党的十六届五中全会精神，浙江省及时制定出台关于《全面推进社会主义新农村建设的决定》。经过几年的努力，全省各地在社会主义新农村建设方面取得了令人瞩目的成就，特别是在建设现代农业，推进高效生态农业发展；促进农村劳动力转产转业，增加农民收入；改善农民生产生活条件，建设农村新社区；建设农村公共服务体系，解决农民“看病难、就学难、养老难”；推进农村民主政治建设，构建农村和谐社会；提升农民整体素质，培育新型农民；促进区域协调发展，加快欠发达地区新农村建设等方面取得了重大突破。与此同时，在深入进行社会主义新农村建设的实践中，湖州安吉、衢州江山、杭州桐庐、宁波北仑、丽水遂昌等县(市、区)创造性地展开了“中国美丽乡村”、“中国幸福乡村”建设工作，取得了显著成效。一批县域新农村建设的创新实践为全省社会主义新农村建设作出了创新性、示范性的贡献，对于深入推进、整体提升社会主义新农村建设水平起到了明显的示范作用。

浙江大学中国农村发展研究院对浙江省社会主义新农村建设中涌现出来的

先进典型和全国的社会主义新农村建设先进县(市)进行了深入的调查研究和理论提炼,编写出这套中国品牌新农村建设丛书,对进一步探索和提升我国社会主义新农村建设水平具有重要的现实指导作用。浙江大学中国农村发展研究院作为国家教育部定点的"三农"研究重点基地,充分发挥其独特的优势,牵头组织了浙江省农科院农村发展所等有关专家和研究人员,开展专题调研,并与地方政府紧密合作,概括提炼出一批各具特色的中国品牌新农村案例,以独到的视角系统总结了我国社会主义新农村建设所取得的新成就、新经验及所面临的新情况、新问题,并对新农村建设中诸如体制机制创新、农民收入问题、新型农民培育、新社区建设、农业现代化道路等重大问题,提出具有创新性、针对性和前瞻性的理论观点、对策思路和政策建议。

钱江潮涌竞卓越,扎根于实践沃土的理论之树常青。浙江和全国各地"三农"的改革发展和生动实践为新时期"三农"研究提供了丰厚的土壤。中国品牌新农村建设丛书以社会主义新农村建设的生动实践为基础,进行科学的理论概括,是我国首部把视角聚焦于县域社会主义新农村建设实践的研究成果。该丛书的出版必将对我国社会主义新农村建设提升发展起到积极的推动作用,同时,也会给人们对新时期我国"三农"转型发展和制度变革有更加清晰的理解,对社会主义新农村建设向更高层次发展带来更加宽阔的视野和启示。

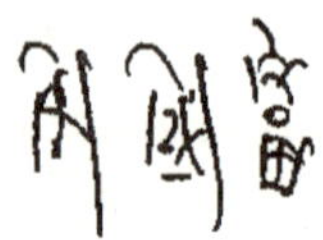

2012 年 3 月

书记心声

——今日湄潭，更具独特魅力

近年来，湄潭根据“缺乏传统工业支撑、缺乏就近大城市依托和缺乏地下矿产资源优势”的县情，立足自身优势，坚持以科学发展观为指导，努力探索传统农业大县的转型发展之路，强力实施“工业强县、城镇带动、新农村建设、旅游发展”四大战略，城乡面貌焕然一新，经济社会协调发展，人民群众安居乐业，特别是走出了一条以“四在农家”创建为载体、农业产业化发展为支撑、村庄整治为重点、黔北民居新村建设为标志的社会主义新农村建设新路子，湄潭的农村正发生着巨大而深刻的变化，并成为全国新农村建设的典范。

1. 基础牢了，一样的环境不一样的前途

坐车驰骋于农村公路上，尽情领略乡村的田园风光，让人心旷神怡。然而，您可知道，几年前，民间流传着一句顺口溜：“年年五谷丰，就是路不通，有货卖不出，致富一场空。”湄潭落后的交通制约着农村经济社会的发展。湄潭云贵山上张老汉感叹道：“以前的云贵山，是个典型的省级贫困村，山上没有公路，村民进出都靠肩挑背磨，不但茶叶卖不到好价钱，其他农产品也卖不到好价钱，农民脱不了贫，致不了富。现在好了，政府把公路修到了山上，山上的老百姓享福了，不但不用肩挑背磨，茶叶的价格上去了，而且茶商直接把车开到了茶园边上，茶农采下来就在茶园边上卖了……”要想富，先修路。我们深刻地认识到交通基础设施的重要性，并“围绕产业修公路，修好公路兴产业”，制约农村发展的最大的交通瓶颈问题才得以改善，农村呈现出“公路通、经济活、百姓乐”的良好局面。同时，配套实施水利、电力等农业基础设施，不断夯实农村基础设施。路通了，村民的眼界开阔了，思想意识也发生了变化，村民更注重教育了。“扶贫先扶智，治穷先治愚”。我们作出了加快教育发展的决定，大办基础教育和职业教育，实施农业实用技术、再就业、农村剩余劳动力转移培训工程，夯实全民素质基础。如今

许多村都有了幼儿园、小学和中学，大学的升学率也在不断提高。同时，我们始终狠抓基层组织建设，村级组织已经成为了农村发展的“领头羊”。

2. 产业旺了，一样的耕耘不一样的收获

走进湄潭乡村，山野茶园苍翠，水稻葱郁，烟叶旺盛，充满生机和活力。近年来，湄潭县以农民增收致富为核心，结合县情提出了“突破茶叶产业，稳定烤烟产业，巩固畜牧产业，做大做强茅贡米业，发展果蔬产业”的农业产业化发展思路，强力推进农业产业化进程，促进了农村经济发展和农民增收。如今在湄潭县，茶叶专业村、优质米专业村、生猪专业村、烤烟专业村、果蔬专业村、辣椒专业村等许许多多的专业村打造出湄潭特有的物产品牌，“茅贡牌”优质大米连续 5 届荣获国家级十大优质稻米金奖，被誉为“中国第一米”；全县现有茶园面积 33 万亩，是贵州茶产业第一大县，“湄潭翠芽”优质绿茶先后 48 次荣获国家级金奖，并位居贵州省十大名茶之首；“茅贡牌”优质大米、“湄潭翠芽”分获“中国驰名商标”称号；“遵义红”茶广受消费者青睐，产品供不应求；优质烤烟是“中华烟”的主要原料，湄潭是上海烟草集团重要的优质烟叶生产基地；全县“烟、茶、米、畜、油、果蔬”等特色农业产业体系已基本形成。湄潭以农业结构调整为主线，以富民为目标，以产业化建设为重点，探索出了一条农业县可持续发展的路子，大力发展农产品精深加工业，大力发展和培育农业产业化龙头企业，走新型工业化发展道路，并于 2004 年率先建成了全省第一个绿色食品工业园区，目前，园区规划面积扩大到 18.76 平方公里，产业集群已初具雏形，入园企业达 46 家，2011 年完成工业总产值 24 亿元，被确定为“省级经济开发区”。全县年产值 500 万元以上工业企业由 16 家增至 41 家，其中国家级龙头企业 3 家、省级 9 家、市级 5 家、全国百强茶叶企业 3 家。产业的发展鼓起了老百姓的钱袋，产业的兴旺让老百姓过上了富裕的生活，摩托车、小轿车、电冰箱、电脑等已逐步在寻常百姓家普及。

3. 山头绿了，一样的水土不一样的风景

“天蓝、水清、山绿”，无论是久居湄潭，还是初来乍到，都会为“小江南”优良的生态环境所折服。近年来，湄潭县委、县政府在对湄潭社会经济发展的历史回顾和不断的探索中认识到，环境就是资源，环境就是生产力，切实抓好生态环境保护，增强生态环境对经济社会发展的支撑力度，坚定了走生态立县之路的决心，出台了《加快茶叶产业化发展》，利用国家的政策，实施退耕还茶，并认真组织实施了生态农业、生态工业、城乡环境污染防治与建设、区域生态建设与保护等建设工程，加快了生态文明建设速度。湄潭县一届接着一届干，全县森林覆盖率达到了 60.08%，取得了生态与经济双赢的可喜局面，特别是林茶相间的生态环境，孕育出了“全国三绿工程示范县”、“全国生态建设示范区”、“全国无公害茶叶生产基地县”、“中国名茶之乡”、“国家现代农业示范区”等多块金字招牌，为乡村旅游和县域经济的发展展示出强劲的后发优势。如今，湄潭因优美的自然山水、良好的生态环境、丰富的特色资源而成为投资兴业的沃土和休闲度假的乐园。

4. 村子美了，一样的主人不一样的风采

小青瓦、坡屋面、白灰墙、穿斗枋、雕花窗、转角楼、三合院，风格独特、错落有致的“黔北民居”，一幢幢、一排排矗立在茶丛深处、田畴大坝、果园旁边，宛如一幅自然和谐的美丽画卷。这就是湄潭“黔北民居”新村，茶乡湄潭新农村的缩影。随着湄潭县农村基础设施建设的不断完善和农村经济的快速发展，富裕起来的农民都希望建造新房新屋，改善居住环境。为满足群众的需求和愿望，县委、县政府决定以“四在农家”创建活动为载体，以农业产业化发展为支撑，以村庄整治为重点，以黔北民居新村建设为标志，走出一条有特色的新农村建设之路。自2006年年底以来，通过5年多时间努力，全县规划建设“四在农家”创建点195个，成规模、上档次的黔北民居新村示范点111个，实施村庄整治点819个，新(改)建黔北民居20000余户。基本实现了县有示范带、乡(镇)有示范村、村有示范点、组有示范户，有8.5万余农户、35万多农村人口受益，示范效果明显，深受广大群众欢迎，开创了全县社会主义新农村建设的新局面，黔北民居在农村已形成了一道亮丽的风景线。在美化环境的同时，湄潭不断丰富农民群众精神文化生活，建好“千乡万村书库”、“农家书屋”、“农民文化家园”，开展健康向上的文体活动，培养了一批农村文艺人才和文化宣传骨干，把爱国主义、集体主义、社会主义和社会公德、家庭美德、职业道德的教育贯穿于社会主义新农村建设的始终。我们也高度重视城乡一体化发展，强力推进城镇化进程，永兴、兴隆、马山、石莲等小城镇建设成效显著，有力地带动了农村经济的发展，许多地方，许多农户开起了“农家乐”，经营起了第三产业。同时，始终把解决民生问题作为社会主义新农村建设的首要任务来抓，认真落实抓好各项支农惠农政策，着力解决关系人民群众切身利益的突出问题。“我们走上了水泥路，住上了黔北新民居，又有了文化家园。农闲的时候打打篮球、乒乓球，看看书，日子是越过越舒心！我们的生活跟城里没啥两样，真像做梦一样。”湄潭县复兴镇两路口村村民唐诗友激动地说。

湄潭县的社会主义新农村建设得到了国家有关部委、省、市领导的充分肯定，并迎来了络绎不绝的参观考察者。2009年，湄潭县成为全国农村精神文明建设工作经验交流会现场参观的唯一现场。《十谢共产党》在湄潭发端并传唱开来，得到了中央领导的肯定，2011年全国“两会”期间，中央电视台、中央广播电台、人民日报等几大主流媒体均进行过宣传报道。2011年7月23日，中共中央政治局委员、中央书记处书记、中宣部部长刘云山等领导同志莅临湄潭考察，对湄潭新农村建设和农村精神文明建设给予了高度评价，认为湄潭县是新农村建

设和农村精神文明建设示范点中最过硬的……所有这些，既是对我们的鼓励，更是对我们的鞭策。回顾新农村建设工作，我们感触良多：

建设新农村，党的惠农政策是保障。自2004年以来，党中央、国务院连续下发一号文件，出台一系列支农惠农政策措施，正是有了好政策好机遇，才为建设社会主义新农村创造了条件；正是有了好政策好机遇，农村经济社会才会得到快速发展；正是有了好政策好机遇，人民群众才真正分享到了社会发展成果。

建设新农村，生产发展是前提。生产发展是新农村建设的物质基础和基本前提，只有农民收入增加了，新农村建设才有了物质保障，农民才有新农村建设的热情和动力。

建设新农村，基础设施必先行。没有农业基础设施的完善配套，要发展生产就没有基础，再好的农业资源也难以发挥优势，基础设施建设的滞后，不可能实现新农村建设的目标。为此，全县上下达成共识——"建设新农村，基础设施必先行"。

建设新农村，惠及民生是根本。正是由于"富学乐美"上应新农村建设要求，下顺人民群众意愿，广大农民群众"腰包鼓了、环境亮了、观念也变了"。广大农民群众是新农村建设的主体，没有他们的广泛参与，新农村建设就无从谈起。要赢得群众支持、吸引群众参与就必须让群众受益，这是新农村建设最质朴、最简单的道理。

建设新农村，解放思想是关键。作为内陆地区的农业县，我们只有因地制宜、扬长避短，只有解放思想、抢抓机遇，才能创新发展、科学发展，新农村建设同样如此。

建设新农村，资金整合是手段。在新农村建设具体工作中，我们按照"书记挂帅、县长操刀、捆绑使用、各计其功"的原则，统一项目申报、资金使用和管理，整合资金，形成合力，新农村建设得到了更好更快推进。

建设新农村，城乡一体化是目标。就湄潭而言，通过实施黔北民居新村建设，水泥路连到户、自来水通到户、农网改造到户、电视通讯到户、庭院硬化到户；文体设施建到点、计卫室建到点、农村客运通到点，缩小了农村和城市的差距。从来没有像今天这样，农村和城市的生活面貌如此相像：打开家中的水龙头，哗哗的自来水。如今，农民和城市的居民一样，也能吃上自来水了；原来电视只收两三个台，而且图像模糊不清，现在和城里一样，也能看上80多套图像清晰、声音清楚的数字电视节目……

今天的农村，尽展城市的风采；今天的农村，更具独特的魅力，有许多人都想"到湄潭当农民去"。这一切，是我们大力推进社会主义新农村建设的成果。作为一个面积只有1864平方公里、人口不足50万的小县城，在推进城乡一体化进程中，我们有着自身独特的优势、条件和基础。“十二五”时期，湄潭新农村建设工作正迈向一个崭新的发展加速期、战略机遇期，我们将在新农村建设的伟大征程上，让“工业强县、城镇带动、新农村建设、旅游发展”四大战略并驾齐驱，更加解放思想、抢抓机遇、科学发展，把湄潭新农村建设得更新、更美，并力争打造成为“中国最美的乡村”。

中共湄潭县委书记　滕昭义

2012年4月

目　录

第一章　绿色富民湄潭基本县情……………………………………………（1）
一、茶文古县:湄潭……………………………………………………（1）
（一）湄潭:历史古县 ……………………………………………………（2）
（二）湄潭:西部茶海 ……………………………………………………（2）
（三）湄潭:黔北粮仓 ……………………………………………………（2）
（四）湄潭:农村改革排头兵 ……………………………………………（2）
（五）湄潭:文化之城 ……………………………………………………（3）
二、湄潭历史沿革 ………………………………………………………（3）
（一）历史上的传统农业县………………………………………………（3）
（二）红色印迹……………………………………………………………（3）
（三）文军西征……………………………………………………………（4）
（四）湄潭改革试验区……………………………………………………（6）
三、经济社会发展现状 …………………………………………………（8）
（一）经济发展总体现状…………………………………………………（8）
（二）综合实力显著增强…………………………………………………（8）
（三）农业基本情况………………………………………………………（9）
（四）工业基本情况 ……………………………………………………（10）
（五）服务业基本情况 …………………………………………………（10）

第二章　绿色富民湄潭建设的目标任务 ………………………………（12）
一、绿色富民湄潭建设的目标体系……………………………………（12）

(一)发展总目标:绿色富民湄潭……………………………………………………(12)
(二)具体发展目标 ……………………………………………………………………(14)
二、绿色富民湄潭建设的主要任务…………………………………………………(16)
(一)实施工业强县战略,实现经济总量快速增长…………………………………(16)
(二)推进城镇带动战略,引领城乡协调发展………………………………………(17)
(三)实施新农村建设战略,加速推进农业产业化…………………………………(18)
(四)实施乡村旅游发展战略,促进农村第三产业发展……………………………(21)
(五)深化农村综合改革,增强经济社会发展新活力………………………………(21)
(六)加快基础设施建设,提升城乡综合承载能力…………………………………(23)
(七)强化生态环境保护,实现协调与可持续发展…………………………………(25)
(八)全面推进社会事业,提高城乡公共服务水平…………………………………(26)
(九)大力建设和谐湄潭,稳定社会发展环境………………………………………(28)

第三章　绿色富民湄潭建设的评价 ……………………………………………(30)
一、绿色富民湄潭评价的指标体系…………………………………………………(30)
(一)绿色富民湄潭评价指标体系的意义、原则和思路……………………………(30)
(二)绿色富民湄潭评价指标体系的设计 …………………………………………(33)
二、绿色富民湄潭建设评价…………………………………………………………(46)
(一)数据来源 …………………………………………………………………………(46)
(二)数据的标准化处理 ………………………………………………………………(47)
(三)综合评价值的计算 ………………………………………………………………(49)
(四)综合评价标准的制定 ……………………………………………………………(49)
(五)综合评价结果与分析 ……………………………………………………………(49)
(六)结论 ………………………………………………………………………………(57)
三、绿色富民湄潭建设的横向评价…………………………………………………(57)
(一)横向比较指标体系的构建 ………………………………………………………(57)
(二)与贵州省新农村建设总体水平的比较 …………………………………………(59)

第四章　绿色富民湄潭的品牌建设 ……………………………………………(67)
一、绿色富民——人与自然和谐相处………………………………………………(67)
(一)茶产业富民 ………………………………………………………………………(67)
(二)农产品基地建设 …………………………………………………………………(69)
(三)绿色食品工业园区建设 …………………………………………………………(69)

（四）生态休闲旅游湄潭 …………………………………………………… (70)
二、文化塑民 ——人与文化的融合 ………………………………………… (71)
（一）古县文化 …………………………………………………………… (71)
（二）新农村文化 ………………………………………………………… (72)
三、和谐兴民——人与人的连结………………………………………………… (73)
（一）城乡差距小 ………………………………………………………… (73)
（二）干群关系融洽 ……………………………………………………… (73)

第五章　绿色富民湄潭的建设典型 ………………………………………… (75)
一、茶韵富民村——核桃坝村………………………………………………… (75)
（一）因地制宜，解决温饱再发展——引水寻绿之路………………………… (76)
（二）积极引导，形成规模生态农业——添绿小康之路……………………… (77)
（三）奋力拓展，从生态农业到生态旅游——享绿幸福之路………………… (78)
（四）启示 ………………………………………………………………… (79)
二、脱贫自力村——两路口村………………………………………………… (80)
（一）组建新领导班子，深入农户——内力与外力的统一…………………… (80)
（二）抓经济发展，科学规划立体种养——山上种茶，田中养鱼，圈中养猪 …………………………………………………………………… (81)
（三）建有序村纪，为民所想 ——民主法制自治 ………………………… (82)
（四）启示 ………………………………………………………………… (84)
三、谢党感恩村——龙凤村田家沟组………………………………………… (85)
（一）体恤民生，以民为工作重点——成也农村、败也农村 ……………… (85)
（二）村领导上承下接 —政策与民愿融合 ……………………………… (88)
（三）村民知足、勤勉 、感恩——塑新型农民 …………………………… (91)
（四）启示 ………………………………………………………………… (93)
四、务工兴农村——马山镇清江村…………………………………………… (93)
（一）清江村的难题——二元结构凸显 …………………………………… (94)
（二）清江村的变通——化零为整法 ……………………………………… (94)
（三）清江村的思考——内外力结合 ……………………………………… (96)
（四）启示 ………………………………………………………………… (97)

第六章　绿色富民湄潭建设模式的体制机制与经验启示 ………………… (99)
一、绿色富民湄潭建设模式的背景 ……………………………………… (100)

二、绿色富民湄潭建设模式的体制机制创新 …………………………… (103)
(一)坚持生态立县战略,打造“生态屏障” …………………………… (103)
(二)加大农业结构调整力度,做实产业基础 ………………………… (104)
(三)延长产业链,形成绿色富民新模式 ……………………………… (105)
(四)着力生态建设和绿色发展,打响“休闲湄潭”品牌 …………… (106)
(五)加快农村路网建设,打通“经济大环线” ……………………… (107)
(六)改善农业生产条件,加快现代农业建设步伐 …………………… (107)
(七)完善土地流转市场建设,实现土地资源新配置 ………………… (108)
(八)营造诚信环境,拓宽“三农”融资渠道 ………………………… (108)
(九)改造农村危房改造,着力改善民生 ……………………………… (109)
(十)改善农民居住环境,推进城乡一体化 …………………………… (110)
(十一)强化村级组织管理服务,夯实农村民主管理基础 …………… (110)
(十二)加强社会事业建设,推进社会进步 …………………………… (111)
(十三)培养农村乡土人才,培育新型农民 …………………………… (112)
(十四)夯实农村文化阵地,培育文明新风 …………………………… (113)
三、绿色富民湄潭建设模式的创新经验 ……………………………… (113)
(一)努力谋划科学发展新规划………………………………………… (114)
(二)全力做强高效生态新农业………………………………………… (114)
(三)倾力建设绿色农村新社区………………………………………… (115)
(四)大力繁荣农村文明新文化………………………………………… (116)
(五)倾力推进公共服务新体系………………………………………… (117)
(六)竭力营造绿色生态新环境………………………………………… (119)
(七)致力培育全面发展新农民………………………………………… (120)
(八)合力打造情系民众新团队………………………………………… (120)
四、绿色富民湄潭建设模式的示范意义和经验启示 ………………… (122)
(一)绿色富民湄潭建设模式的核心内涵……………………………… (122)
(二)绿色富民湄潭建设模式的示范意义……………………………… (122)
(三)绿色富民湄潭建设模式的重要启示……………………………… (123)

第七章 绿色富民湄潭建设模式的发展展望………………………… (130)
一、“绿色发展、富民新民”的时代价值……………………………… (131)
(一)绿色发展是当前经济社会发展的必然趋势……………………… (131)
(二)富民新民是可持续发展理论的具体实践………………………… (132)

二、绿色富民湄潭建设模式的发展前景 …………………………… (133)
(一)国内经济平稳较快发展态势的外部条件…………………… (133)
(二)新一轮西部大开发的带动………………………………… (134)
(三)湄潭的区位优势和发展潜力……………………………… (134)
(四)湄潭农村改革试验的发展基础…………………………… (135)
三、深化绿色富民湄潭发展模式的战略构想 ……………………… (136)
(一)以农业产业结构调整为基础,夯实农业产业化基础 ……… (136)
(二)以新型工业化为龙头,加快绿色工业化进程 …………… (137)
(三)坚持走产业城镇融合发展,强力推进城镇带动战略,引领城乡协调发展………………………………………………… (138)
(四)实施生态旅游发展战略,全力推动旅游产业快速发展 …… (139)
(五)积极推进生态文明建设,强化生态建设与环境保护 ……… (140)
(六)加快发展社会事业,提高城乡公共服务水平 …………… (141)
(七)大力实施民生工程,加快构建和谐湄潭 ………………… (142)
(八)加快培育新型农民,加强人才队伍建设,奠定坚实的人力保障 ………………………………………………………… (143)
(九)加强基层组织建设,为湄潭新农村建设提供坚强的组织保障 ………………………………………………………… (144)
(十)提升政府行政效能,加快投资体制改革,切实改善投资环境…… (145)

后记 ……………………………………………………………… (147)

第一章
绿色富民湄潭基本县情

一、茶文古县:湄潭

湄潭,位于贵州高原北部,地处大娄山南麓,全县总面积1864平方公里,平均海拔972.7米,森林覆盖率达56.5%。下辖9镇6乡,118个行政村,140个村(居)委会,总人口48万人,其中农业人口42万人,是典型的内陆农业县。县城距历史文化名城遵义70余公里,距省会贵阳225公里,距重庆直辖市300余公里,326国道和204省道交汇于县城,即将开工建设的杭瑞高速公路和规划建设的黔北高速公路、威吉铁路也将经过湄潭,县城西临规划建设中的遵义新舟机场,是黔北东部地区重要的交通枢纽和经济、文化、信息中心。湄潭自然条件优越,生态环境良好,人文底蕴深厚,是名副其实的“鱼米之乡”、“名茶之乡”,素有“高原明珠”、“云贵小江南”之美誉,是“国家生态建设示范区”、“国家现代农业示范区”、“国家生态农业示范县”、“全国无公害茶叶生产基地示范

县”、“全国优质烤烟生产基地县”、“全国优质商品粮油生产基地县”和“全国首批农村改革试验区”。

(一)湄潭:历史古县

湄潭历史悠久,西周时为璞人邑地,秦朝属巴郡县属地,汉代属辖地。从三国到宋元时期,属地多有变迁。明代万历二十九年(1601 年),改土归流后,以关外四牌地置县,卜治于苦竹坝而城之,以水为名,曰湄潭。今日湄潭,依然江水绕城,城南两水颠倒流合,弯弯入眉,汇为深潭,湄潭灵动如名。

城中湄潭文庙,始建于明代万历四十八年(1620 年),规模宏大,气势磅礴,是黔北唯一保存完好的古建筑群。它成了湄潭历史文化标志性建筑,见证着湄潭 400 年来的风雨历程,述说着小城的历史变迁。

(二)湄潭:西部茶海

湄潭,茶的海洋。湄潭种茶古有历史,唐代茶圣陆羽在《茶经》中说:“黔中生思州、播州、费州、夷州……往往得之,其味极佳。”清《贵州通志》载:“黔省所属皆产茶……湄潭眉尖茶皆为贡品。”现今的 33 万亩茶海,茶香扑鼻,翠色可餐。绿波浩荡,碧毯铺陈。横成波,纵成浪,近是涛,远是潮。纳百川宽广胸怀,显冰心一色茶天。

(三)湄潭:黔北粮仓

湄潭,素有粮仓美誉。湄江湖下游 7 公里处,有一方圆数百亩的良田,由于河水长期冲击沉淀而形成油沙地,土壤含有丰富的硒、锌、铁、钙等微量元素,所产大米色泽光亮、晶莹饱满、回味香甜饱满,嘉庆年间奉为贡米。经过湄潭人几代的努力,现发展为“茅贡米集团”。沿湄江河种植的 40 万亩稻田,以其优良的品质,被誉为“黔北粮仓”、“中国第一米”。

(四)湄潭:农村改革排头兵

湄潭,似湄江河水,以宽广的胸怀接纳新事物。1979 年,先于贵州其他县(市)成功推行了家庭联产承包责任制。80 年代,经党中央、国务院批准,湄潭成为全国首批农村改革实验区。时任贵州省委书记胡锦涛对实验区工作多次作出重要批示。经过多年探索农村土地承包“增人不增地,减人不减地”的经验被写进了 1993 年的中央农村工作会议文件。2000 年年底,“农村税费制度改革”实验课题又选择了湄潭,提出并实施的“均衡减负、户户减负”被写进了《国务院关于全面推进农村税费改革试点工作意见》。2007 年,全国新农村试点建设在湄潭如火如荼地开展，生产、生活、乡风、村容、管理日新月异，来往参观学习的人络绎不绝，并纷纷感叹道：这就是中国需要的新农村，幸福新农村。

(五)湄潭：文化之城

湄潭，四百年历史的文化古城，融合了多样文化，相互交融，相互渗透。西部山村，传统农耕文化在古朴的农家依然有迹可循；贡米碑、三道口、桃姑秀发等湄潭历史故事依旧口口相传，湄潭文庙儒家圣殿传诵着自古的圣道；全国历史老区中保存最多的红色标语印刻在湄潭天主堂内，赫然在目，似有红色的激情激荡耳畔；坐落在湄江城内的浙江大学西迁博物馆和西来庵处浙大人所创办的“湄江吟社”，一起叙述着浙大文化给小镇带来的文化积淀，潜移默化地融入了这本已多文化的湄潭，形成了特有的湄潭文化。

二、湄潭历史沿革

(一)历史上的传统农业县

湄潭是一个传统农业县。由于地理区位和丰富的农业资源，湄潭自古素有“酒乡、茶城、粮仓”之称，盛产优质大米、玉米、小麦、油茶籽、茶叶、烟草、蚕桑、中药材等。湄潭是贵州最大的茶叶生产县，西南茶城被国家农业部指定为茶叶定点销售市场，“湄江翠片”、“遵义毛峰”为全省四大名茶之 。

(二)红色印迹

1935 年 1 月，中国工农红军长征进入黔北，中央政治局在离湄潭 70 公里外的遵义召开了举世闻名的遵义会议。为了御敌千里，保卫遵义会议的顺利召开，红九军团进驻湄潭。罗炳辉，曾在一天之中连夺两座县城，号称中国红军历史上的“神行太保”。何长工以及“独臂将军”蔡树潘等率领中国工农红军第九军团进驻湄潭半个月，司令部设在县城内建于清光绪后期的天主教堂里。教堂内，密电纷传，命令频频；教堂外，红色革命热潮唤醒了旧日沉闷的湄潭。红军一路宣传北上抗日的主张，开展了一系列轰轰烈烈的活动。进驻当晚就打开监狱释放了所有被关押的犯人，并部署下一步行动计划。第二天就走访、发动群众，在城内外书写张贴标语。百姓从标语、传单、红军的言行举止中感受到了红军精神与宗旨。随着宣传的深入，越来越多的人响应聚集过来，牛场、永兴、鱼泉等迅速成为聚集号召点，广大劳苦大众长期积累在心中的对地主恶霸、反动官僚的仇恨终于

如火山般爆发。1月7日，街道居民、红军官兵在县政府召开会议，宣布成立中国苏维埃湄潭抗捐委员会，共成立了12个抗捐委员会和分会。随后组织了抗捐军，带领千人群众，打击土豪恶霸，打开仓库，把粮食、物品分发给缺衣少食的老百姓。老百姓也拿出自己过年都舍不得吃的鸡鸭食品慰问红军，不少年轻人踊跃报名参加红军。城郊鸡场河就流传着一首歌谣：

苏维埃/工农兵/共产党领导闹革命/穷人都来当红军/打倒国民党/消灭白匪军

打土豪/分田地/没有房的有房住/没有田的有田耕/劳苦大众从此享太平

时至今日，在永兴等地，仍有老人家绘声绘色地向我们描述把地主家的猪分发给群众的欢喜场面。红军在此不仅壮大了队伍，让老百姓找到了希望，还在这里播下了文化的种子。红军在湄潭中学办起了青工干部培训班，在文昌宫内用石块垒起坐凳办起了列宁学习室等，激发了湄潭这个小城对知识、对教育的渴求。1月19日，红九军团奉命离开湄潭执行新任务。依依不舍送走红军后，红色革命种子也在湄潭人民心中发芽，许多湄潭儿女在革命中的感人事迹至今依然广为流传，在湄潭县鱼泉烈士陵园里就安葬着王友发等9位红军烈士。

湄潭是一个有故事的历史小城，用自己对历史对过往的尊敬保护着曾在此发生的一切。红色印迹烙印在此，1989年始县政府逐年加强对天主教堂的修葺；2005年江泽民同志为湄潭红九军团旧址题写了匾额；并将红九军团的3位将领——罗炳辉、蔡树藩、黄火青的塑像竖立在大厅中。2006年之后，红九军团旧址对外开放，以让更多的人牢记这段历史。这座天主教堂是全国保存最完好的红九军团遗址，也是保留红军标语最多的革命建筑物，共存有标语22幅。1982年该天主教堂被贵州省列为省级文物保护单位；1999年被遵义市人民政府列为首批爱国主义教育基地之一，同年国家旅游局将红九军团司令部旧址列为红色旅游精品景色和重点项目给予支持；2005年又被纳入全国红色旅游遵义会址纪念体系。

(三)文军西征

1937年8月淞沪会战打响，战火波及浙江。浙江大学筹划西迁，当时的国立浙江大学校长、教育家竺可桢主张迁移到那些从未与大学接触过的城镇和农村，使大学的内迁与中国内地的开发相结合。1937年9月西迁开始，期间辗转七次。1939年2月，竺可桢校长赴渝公务途经贵州时，贵州省主席吴鼎昌建议浙大迁往湄潭，湄潭县长严溥泉率湄潭100余名士绅致函竺可桢校长……6月，竺可桢校长亲临湄潭，看到湄潭人民怀着对读书人的尊敬，将房屋都让出来以供浙大师生学习生活，对此甚为感动。11月，浙大决定西迁湄潭。1940年，浙江大学迁入湄潭，素有尊师重教传统的湄潭人以博大热情的胸怀接纳了浙江大学的师生们。从1937年至1940年，浙大西迁之路走了2年多，途径浙、赣、粤、湘、桂、黔六省，行程2600公里，最终迁至遵义湄潭。其路线正好与1935年中央主力红军长征的上段路线基本吻合，最终抵达点又正好是召开对中国革命具有转折意义的遵义会议的名城遵义，因而人们把浙大西迁办学称为中国一支文军的长征。

浙大湄潭分部设立在明万历四十八年（1620年）修建的湄潭文庙，竺可桢、苏步青、卢鹤、王淦昌等一批被称为“世界第一流”的科学家、教育家，以文庙为轴心，奔走于各大院系之间。教学科研、论文答辩、社会实践，七年的艰苦伴着辉煌，一项项文明中外的科研成果诞生于此，一批批先进的科学实验扎根于湄江河畔，一个个栋梁之才起步于艰难求学中。1940年初至1946年秋，浙大在湄潭办学7年，被称为浙大历史上极其光辉的七年。1936年浙大有教授、副教授70人，文理工农3个学院共16个系。1946年秋，在此发展的浙江大学已有教授、副教授201人，学生2171人，7个学院28个系。在此师生中，共出了51位院士，创造出浙大历史上的辉煌。而在此发表的国内外论文超过了所有中国大学之和，中国物理学会连续4次在湄潭召开。英国《自然》周刊、美国《物理评论》经常收到来自“中国湄潭”的论文，其中以湄潭的自然资源为研究课题的论文高达25篇，如《湄潭茶树土壤之化学研究》、《湄潭动物志》等。英国著名科学家李约瑟到湄潭参加中国科学社成立30周年纪念大会。会上，浙大的教授们宣读了多篇论文，这些站在世界前沿的科研成果使李约瑟为之震撼。他说：“我可以毫不吝啬地说，这里就是东方的剑桥。”此外，浙大在湄期间，苏步青、钱宝琮、祝廉先等教授组成湄江吟社，工作之余，常聚在一起，品茗吟诗，寄情于湄潭山水，为湄潭乃至世界留下了大量的珍贵的文化财富。如苏步青的《临江仙·试新茶》：山县寂寥春已半/南郊茶室偏幽/一瓯绿泛细烟浮/清香逾玉露/逸韵在杭州/几日行云何处去/垂杨堪系归舟/天涯底事苦淹留/草青江上路/人老海西头。

浙大师生在湄潭创造了辉煌，湄潭也深受着浙大先进文化的渲染，潜移默化融入湄潭人的骨子与精神里面。文化成了湄潭人的一个独有特征，现湄潭人无论是否读过书，都能信手拈来即成诗，持久保持对文化的尊敬。浙大回迁后，湄潭对文庙进行修复，1990年，为了纪念浙江大学迁湄办学50周年和竺可桢诞辰100周年，将文庙改建为“浙大西迁历史陈列馆”，仍保留着竺可桢校长写的校训“求实精神”四个字，是全国独家以西迁办学为内容的陈列馆。2006年6月，国务院公布湄潭浙江大学旧址为第六批全国重点文物保护单位之一。陈列馆保留的不仅是一个旧址，而是湄潭人心中永不磨灭的文化之根。

(四)湄潭改革试验区

1. 推行家庭联产承包责任制

1979年秋，县内部分生产队，自发以作业组的形式实行家庭联产承包责任制，超产归组。1980年1月，县委发文允许“包产到户，超产归己”。1979年至1982年3月，全县有2766个生产队推行家庭联产承包责任制，占总队数的85.30%。1982年6月，县委派出1500余人的工作队，推行和完善林业“三定”(定林权、定自留山、定集体山林)管理责任制，同时明确农村土地所有权属集体所有，社员承包耕地20年不变。是年，全县3245个生产队推行“家庭联产承包责任制”，并全部签订“四包”(包产量，包国家征收，包农副产品派购任务，包大队、生产队提成)合同；全县颁发《集体山林所有证》、《自留山证》、《集体山林承包手册》的生产队占总数的91.10%。1983年春，“联产承包责任制”推广到林、牧、副、渔、工、商等各个领域。1984年，县委抽派县、区、公社、生产大队干部组成工作队贯彻落实中共中央《1984年农村工作的通知》，首先在高台区高台公社大房大队进行试点，试点内容主要是按照“大稳定、小调整”的原则，落实责任地和责任山，对承包责任地(田、土)实行20年不变，对承包林地、荒山(含荒水)实行50年不变的政策。与此同时，建立了以生产大队为单位的经济联合社。县政府向农民发放了《土地使用证》，农民向经济联合社签订了土地承包合同。全县在试点的基础上开展了此项工作。1985年，全县3042个生产队落实农业生产责任制，占总队数的93.70%；2883个生产队签订承包合同，占总队数的88.80%。

2. 全国农村土地改革试验

1987年5月，县委、县政府派出工作组，分别在兴隆区兴隆公社和鱼泉区新石公社进行试点，探索总结“农村土地制度建设”的经验，其基本内容是：明确农村土地属集体土地，其所有权属村经济联合社，并行使土地占有权、使用权、发包权和处分(处置)权；制定土地有偿使用制度，其收费标准为：田每亩每年3元，土每亩2元，自留地和非耕地每亩1元，由经济联合社负责收取、管理和支配；明确农户享有对集体土地的承包使用权、经营权和产品支配权。在承包期内，有权继承和有偿转让使用权；把保护耕地与计划生育结合起来，实行“增人不增地”(即新增人口不再另分承包地)，同时有计划地组织农村剩余劳动力开展非耕地开发和转产转业；防止土地继续分割碎化。9月，湄潭县被国务院正式批准列为全国10个农村改革试验区之一。湄潭试验区以“土地制度及农产品商品基地建设”课题为内容，配套试验了农产品基地建设、粮食购销体制改革、非耕地开发、土地金融公司组建与运作、工业小区建设、村级组织建设和农业服务体系建设等项目。成立湄潭县土地金融公司，以贷款方式支持土地承包建设和非耕地开发。1987年至1990年，全县有6926户通过挖掉过多田埂和平整土地，使小块地变成大块良田，仅此一项就增加耕地70.67公顷。全县3万农户共改造3333.33公顷中低产田，农户对土地的投资达670万元。土壤养分与1987年相比，碱和氮提高19.80%，速效磷提高3.80%，速效钾提高3.20%。

1993年3月至8月，全县共清理登记土地承包农户9.52万户，37.66万人。其中承包人口为30.08万人，承包耕地面积26588.78公顷(不包括自留地)，非耕地面积7855.93公顷(林地6638.98公顷，荒地1216.95公顷)。在延包工作中，按政策收回农转非、弃耕撂荒、拒交农业税费、孤寡去世户土地407.88公顷，并按照土地承包期延长50年，非耕地延长60年的政策，由县政府向全县承包农户核发了《农村土地承包使用权证》。并以大队为单位归案立卷建立了县、乡(镇)、村三级土地档案。

1993年，中央11号文件吸纳湄潭试验区"增人不增地，减人不减地"试验的成果逐步在全国推广。1997年，中央再次根据这一经验，在二轮延包时规定土地承包期延长30年不变。2002年8月，《中华人民共和国农村土地承包法》进一步将"增人不增地，减人不减地"的湄潭经验以国家法律的形式固定下来，规定："耕地的承包期为30年，草地的承包期为30～50年，林地的承包期为30～70年。承包期内，发包方不得收回承包地。承包期内，发包方不得调整承包地。承包人应得的承包收益，依照继承法的规定继承。"

3. 农村税费制度改革

1994年，县委承接全国农村税费制度改革试验课题，确定湄潭税费制度改革的内容为"税费统筹、折实征收、稳定增量、中介结算、建立基金、统收分支"。1998年11月，中共贵州省八届二次全会《关于进一步加强农业和农村工作的决定》推广了湄潭县农村税费制度改革经验。2000年，县委承接全国农村改革试验区"农村税费改革与基层组织建设"试验课题任务。是年，农业部1号文件肯定湄潭试验区进行的农村税费改革试点"在中央制定全国性的税费改革试点方案中起了重要参考作用"。2001年，湄潭县成为全省农村税费改革三个试点县之一。其主要内容为：取消乡统筹费；取消农村教育集资等向农民征收的行政事业性、政策性基金和集资；取消屠宰税；取消劳动积累和义务工；调整农民税收政策，执行国家规定的农业税实际税率和征收总量；调整农业特产税政策，适当调整部分农业特产税税率，减少征收环节，农业税和农业特产税不重复交叉征收；改革提留征收和使用办法。2003年，此项改革全面完成。改革后，全县农业税、农业税附加加征(村组管理费、土地使用费、公益金三项村提留和教育附加费、民兵训练费、全民优扶费、计划生育费、乡村道路维修费五项乡统筹)比改革前减少

639.37万元，减少比例达26.22%，加上取消的屠宰税和农村教育集资等1454.07万元，农民的总体负担下降了53.78%。2003年，湄潭县“均衡减负、户户减负”的改革成果成为国务院《关于全面推进农村税费改革试点工作的意见》“村村减负，户户受益”的政策依据。

4. 农村综合改革试验

作为新一轮全国农村综合改革试验区，湄潭县将获得在农村土地制度、新农村建设、农业产业化、金融财政、户籍和社会事业等方面先行先试的新发展空间。在政策优惠、制度创新、资源利用等方面可以争取到更多支持，有利于探索在缺乏地下资源支撑、缺乏传统工业基础、缺乏大城市依托的条件下，加快农村改革发展的步伐，为发展现代农业、加快社会主义新农村建设作示范、探路子。

近期，贵州省委省政府《关于支持湄潭试验区改革发展工作方案》和遵义市委市政府《关于推动全市四大区域快速协调发展的意见》等一系列政策的出台，对湄潭的农村综合改革示范提供了有利的政策保障。《农村综合改革试验区经济社会发展规划纲要》等一系列规划的落实，更是为湄潭进一步深化农村综合改革指明了方向，为湄潭县带动周边绥阳、凤冈、余庆等县的改革提供了信心保障，有利于探索在“一个主题、三大任务”的框架下黔北综合经济区在新形势下农村改革发展的新路子。

三、经济社会发展现状

(一)经济发展总体现状

湄潭依托良好的生态环境、丰富的农产品资源以及便捷的交通优势，着力发展绿色生态农业，以茶、米、鱼、辣椒等特色农产品打造特色农产品工业，推广绿色生态旅游，经济快速健康发展。2010年全县生产总值达30.9亿元，同比增长15.8%，年均增长12.6%。农村人均收入达到4808元，城镇居民收入达到13068元，同比增长18.8%和14.7%。产业结构由“十五”时期的41.9∶19.3∶39.9调整为28.2∶25.6∶46.2，实现了从“一三二”向“三一二”的转变。依托特色农产品而发展的第三产业快速发展，工业地位有所上升。

(二)综合实力显著增强

“十一五”期间，湄潭经济社会迈向更全面的发展阶段，综合实力明显增强，人民生活更加殷实。2005年到2009年的四年间，全县生产总值由14.62亿元增加到24.23亿元，年均增长13.5%；农业增加值由6.1亿元增加到7.6亿元，年均增长5.6%；第二产业增加值由2.8亿元增加到5.8亿元，年均增长19.7%；第三产业增加值由5.7亿元增加到10.8亿元，年均增长17.4%。2009年，全县财政总收入完成26340万元，其中地方财政收入达到14086万元；全社会固定资产投资五年累计40亿元左右，年均增长20%以上；社会消费品零售总额完成6亿元，年均增长10%；人均地区生产总值由2005年的3051元增加到2009年的4992元；城镇居民可支配收入达到11635元，农民人均纯收入达到4048元。

(三)农业基本情况

湄潭是典型的传统内陆农业县，农业经济健康有序发展。

1. 特色农业卓见成效

湄潭县粮油、茶叶、畜牧、烤烟四大农业支柱产业格局形成且卓见成效。2010年，实现茶园面积33万亩，投产16万亩，产业产量1506吨，产值9.13亿元，茶叶综合收入近17亿元。2010年全省粮食总量达29万吨，其中优质稻种面积20.5万亩，产量11万吨。尤其引进浙江大学“稻鱼共生循环系统”后，无施肥无公害种植出来的大米品质更加优越；优质油菜23万亩，油菜籽产量2.31万吨，产值高达2.2亿元。湄潭大力发展生猪产业，经过多年的努力，形成黔北生猪集中地，2010年肉类总量25873吨，畜蛋产量2195吨，出栏猪278433头。全县烤烟基地8万亩左右，年产优质烟叶在16万担以上，烟农总收入约1.27亿元。尤其是结合了烟水配套工程的实施后，户均种植面积已经高达10亩。其特色产业先后被国务院及有关部委授予“全国商品粮油生产基地县”、“全国优质烤烟基地县”、“全国商品瘦肉型猪生产基地县”、“全国无公害茶叶生产基地示范县”等荣誉称号。

2. 农民生活水平稳步提升

湄潭县农民收入稳步增加，生活条件明显改善。随着特色经济的日趋成熟，政府农业投资的不断倾斜，湄潭县农民实现了收入的快速发展。从1978年到2007年，全省农村居民人均收入从199元增加到3158元，年均增长148.69%；2010年农民人均收入达4808元，三年增长了1653元。随着新农村建设的推进，全县对黔北民居危房旧房的改建11300万户，受益群众覆盖35万余人，占农村总人口的83.3%。2007年，湄潭开展了以“富、学、乐、美”为主线的“四在农家”建设，至今已经形成了“五到户三到点”的农村生活格局，以及水泥路连到户、自来水通到户、农网改造到户、电视通讯到户、庭院硬化到户，文化建设到点、计

卫室建到点、农村客运通到点。

(四)工业基本情况

湄潭县的第二产业主要以特色农产品加工为主,其产值相对其他产业来说总产值较小,但是品牌建设较成功。

1. 湄潭工业整体情况

2010年湄潭工业产值为58193万元,占全县生产总值的25.6%。目前初步形成农产品加工、建筑建设、机械化工、能源交通等为主的工业生产体系。农产品加工主要是烟草复烤、酿造加工、茶叶加工、植物油面粉、米加工等,据统计,农产品加工占工业总值的63.75%。全县工业企业92户,总资产62673万元,从业人员7645人。

2. 工业品牌建设

依托湄潭良好的农业资源、特殊的农产品文化,湄潭加工工业发展良好,尤其在品牌建设上。全县共有国家龙头企业两家、市级龙头企业七家、县级龙头企业十一家,带动农户增收6.56亿元,形成一系列知名品牌,给湄潭添上了绚烂一笔。如先后48次获得国家级名优茶评比金奖的湄潭翠芽,是本土成长起来的国家级龙头企业兰馨茶叶有限公司的品牌之一,其品牌价值已高达9.03亿元。该公司2009年实现产量6000余万元,税利1200万元,已跻身全国茶叶先进行业。湄潭"茅贡米集团",巩固"茅贡米"品牌,连续五次荣获国家稻米博览会金奖,被誉为"中国第一米",其湄潭核心种植基地就高达20.5万亩。"中华牌"香烟的复烤基地等都引导着湄潭工业的长远发展方向。

(五)服务业基本情况

1. 第三产业比重上升

湄潭县传统商贸、餐饮、运输、信息、房地产等第三产业快速发展,2009年完成增加值108046万元,比2005年增长接近一倍,其产业结构由"十五"时期的41.9∶19.3∶39.9调整为28.2∶25.6∶46.2,实现了从"一三二"向"三一二"的转变,第三产业已成为湄潭经济贡献最大的产业。

2. 旅游日趋完善

"十一五"期间,尤其是"生态立县"目标提出后,湄潭县加强了环境保护力度,实施了生态农业、生态工业、生态旅游的建设方略,其中生态旅游日趋完善。根据湄潭资源类型、特征及空间分布规律,生态景点可以概括为"一带、二区、三环"。一带指湄江山水自然生态观光旅游带,二区为"中国茶海"茶文化体验风情旅游区、桃花江乡村休闲度假旅游区；三环为中环线(中国茶海茶文化旅游精品环线)、北环线(桃花江—仙古山—湄江湖)、南环线(湄江上水画廊自然生态旅游环线)。生态景点的系统推出，吸引了众多中外旅游爱好者。此外，红色景点——红九军团遗址、文军西迁景点——浙大西迁历史成立馆也成为湄潭旅游的重要景点。

第二章 绿色富民湄潭建设的目标任务

一、绿色富民湄潭建设的目标体系

根据湄潭新农村建设规划，将绿色富民湄潭建设的目标体系分为总目标和具体目标。

(一)发展总目标：绿色富民湄潭

1. 指导思想

紧紧围绕“生产发展、生活宽裕、乡风文明、村容整洁、管理民主”的总体任务，深入贯彻落实科学发展观，坚持规划先行、科学布局、整体推进，以绿色发展、富民新民为主线，以经济发展和民生改善为重点，突出示范村功能建设，科学谋划村镇布局，构筑城乡联动的新型村镇布局体系；突出基础设施建设，加快社会事业发展，构筑城乡一体的新型公共服务体系；突出提升主导产业和特色产业，培育发展新型产业，构筑结构合理的新型产业支撑体系；突出人居环境建设，整体推进村屯环境整治，构筑可持续发展的新型农村生态建设体系；突出精神文明、民主法治和党的建设，构筑和谐稳定的新型农村社会管理体系。

2. 发展目标

一是坚持推进经济结构的优化升级，转变经济发展方式。快速推进产业化进程，在总量扩张的基础上优化产业结构，延长产业链，提高附加值，促进经济增长向依靠第一、第二、第三产业协同带动转变。

二是把推进城镇扩容作为加快发展的重要抓手。通过加快推进城镇化进程，实施以城带乡发展战略，实现城镇化带动农村、反哺农村发展，带动群众增收，改善人民生活环境，促进城乡协调发展。

三是把提高人民生活水平作为发展的终极目标。在加快发展的同时，更加注重民生，增加人民收入，推进基本公共服务均等化，让人民群众共享改革发展的成果。

四是把生态文明建设的理念贯穿发展的全过程。牢固树立节约资源、保护环境、建设生态的可持续发展理念，走生产发展、生活富裕、生态良好的文明发展之路，促进经济社会、人与自然全面协调持续发展。

3. 发展重点

坚持统筹推进，集中力量在四大关键领域实现突破：

一是奋力推进工业强县战略，强化绿色食品工业园区和现代农业示范区建设，扩大投资规模，发展民营经济，推进科技创新，实现绿色工业化突破发展，实现农业产业化发展的跨越。

二是奋力推进城镇带动战略，引领城乡协调发展。要以县城扩容为重点，以小城镇建设为依托，以村庄城镇化为补充，建立规模等级有序、职能分工明确、空间布局合理、县城与集镇协调、新区与园区融合发展的城镇体系，不断推动农村人口向城镇聚集，推动城乡经济社会协调发展。

三是奋力推进新农村建设战略，加快全面建设小康社会步伐。以深化农村综合改革试验工作为核心、“四在农家”为内容、黔北民居风格为符号、农业产业为支撑、现代农业为方向，坚持用现代农业发展理念指导农业，用现代物质条件装备农业，用现代科学技术改造农业，加快实施社会主义新农村战略。

四是奋力推进旅游发展战略，全力打造乡村旅游。围绕生态旅游求突破，加大旅游资源开发力度，加快完善各种旅游服务设施建设，积极发展各类现代服务业，坚定不移地把“旅游”作为带动服务业发展的核心，充分利用湄潭生态、茶文化、茶产业的比较优势，加大各类旅游商品的研发力度，打造“中国茶海——中国最美乡村”精品旅游线路，从而实现旅游综合收入的大幅度提高。

(二)具体发展目标

1. 推进园区建设,提速企业入园

加快园区道路建设和园区供水工程,同步配套供电、给排水、宽带网络、有线电视等公共设施,逐步实现"七通一平"。采取BT、BOT等方式,加快园区基础设施建设。抓好之前实施的17个重点技改项目的推进、验收投产和达产工作。加快推进厦门以晴集团茶叶加工循环经济、荣富公司魔芋加工、司牧公司超临界制备辣椒碱及红色素、品品久红食品公司米粉系列及果蔬加工、天成风味食品公司1万吨泡菜泡椒豆制品综合开发、华食全食品公司2万吨马铃薯加工、远大天然食品公司1.8万吨绿色食品旅游食品系列产品加工、茅贡米业公司年产13.5万吨精米加工、金湄河酒业公司年产1000吨浓香型白酒建设项目。抓紧启动复烤厂、湄江印象1.5万吨青砖茶、湄窖酒业1000吨基酒、怡壶春775吨原生态茶叶清洁化异地生产、四品君200吨名优茶生产线、徐陈板鸭等技改项目。积极应对统计核算方式的变化,精心实施"中小企业成长计划",着力培育一批销售收入上亿元的企业,确保全县规模企业新增10家以上,销售收入上亿元的企业达10家以上。

2. 推进产业建设,扩大新农村覆盖范围

精心编制现代农业发展规划,扎实推进农业结构调整。新建茶园2.5万亩,茶园面积达35万亩,重点安排在高速公路和精品旅游线路沿线;种植优质稻20万亩以上,其中核心基地2万亩;种植烤烟7.2万亩,计划收购16.5万担;种植辣椒12万亩以上,其中"遵椒1号"5万亩、核心基地2万亩;推广青田鱼养殖2.5万亩。高度重视龙头企业建设、品牌培育打造和基地扩面提质,加快"湄潭翠芽"、"茅贡米"等"中国驰名商标"申报工作。建成农产品质量检测中心,力争省茶叶检测中心落户湄潭。加快农村基础设施建设,实施通村泥石路和油(砼)路改造工程,实施塘头河渡改桥、白虎营危桥新(改)建工程。完成复兴桥、杨家坪连峡桥翻修。完成东流水等3座小Ⅱ型水库除险加固,力争启动铜鼓井水库改造。实施8个烟水配套工程和1公里湄江河黄家坝段河道治理,完成牛场河小流域治理项目。继续实施中央财政小型农田水利重点县建设项目、农村人饮安全工程。紧紧抓住三年期电网建设机遇,全面完成全县农网改造。新(改)建黔北民居5000户以上,重点抓好40个新村示范点建设。实施"三清"工程2个,新建户用沼气池2575户。推进"三网"融合,缩小城乡信息差距。

3. 推进景区建设,打响特色旅游品牌

围绕"天下第一壶"、"中国茶海"、"浙大西迁陈列馆"、"十里湄江画廊"等独特的人文、自然景观，着力推进茶旅一体化。加快推进湄江河滨河景观带建设，规划建设茶文化主题公园、浙大文化主题公园，启动“中国茶海”项目前期工作。广泛搜集茶文物，规划建设茶博馆，加快实施浙大西迁旧址保护规划。加快旅游基础设施建设，开工建设五星级温泉酒店，启动十里桃花江旅游开发和乡村精品旅游线路加宽改造工程。继续开展星级旅游酒店、花级农家乐和乡村旅舍评定工作。建立游客接待中心。围绕“中国茶海·休闲湄潭”旅游品牌，推介旅游线路，拓展旅游市场。全年接待游客70万人次以上，旅游综合收入突破4.5亿元。

4. 推进民生建设，提高人民幸福指数

启动城镇居民养老保险，确保新农保参保率达95%以上，力争全覆盖；加大新农合、城镇低保、城镇医保等社会保险扩面征缴力度。巩固提升“两基”成果，继续做好校舍改造工作。深入实施“文化创新工程”，全面完成乡镇综合文化站建设，新建农家书屋64个。广泛开展文化体育活动，满足人民日益增长的精神文化需求。为此，切实抓好与人民群众生产生活密切相关的“六件实事”：一是实施农村电网改造升级工程，新(改)建10千伏线路336.8公里、低压线路1553.9公里，新(改)造配变573台，完成全县农网改造和老城区“天改地”工程；二是新(改)建农村公路100公里、烟区公路180公里、县乡道路37公里，实施沿江渡港口建设工程，新建2个乡镇客运站；三是实施72公里水利渠道建设和东流水、堰塘湾、马家沟三座病险水库治理；四是实施黔北民居5000户以上、廉租房400套和茶场棚户区改造工程；五是实施农村公益事业“一事一议”财政奖补项目95个；六是加大农村饮水安全工程实施力度。按照《湄潭县2010—2013农村饮水安全工程现状调查评估报告》，全县有17.7万人饮水不安全。2011年计划投资2500万元，解决5万人饮水安全，力争在“十二五”前三年全面完成饮水安全任务。

5. 推进效能建设，树立廉洁高效政府形象

扎实推进学习型政府建设，力求思想适应发展变化，知识适应时代要求，能力适应工作需要。立足湄潭实际，遵循发展规律，用改革的思路、创新的方法和开放的视野，突破陈规陋习和体制障碍，不断增强创新发展能力。深入开展“三个建设年”活动，以作风建设保障发展，以环境建设促进发展，以项目建设推动发展。按照建设“四型”机关和“团结、务实、勤奋、廉洁”的要求，结合“四帮四促”活动，以发展为上、民生为本、务实为先、律己为诚，以治庸治懒、提能增效、狠抓落实为重点，深入整治发展理念不新、服务意识不浓、执行力不强等突出问题。强化效能监察和制度反腐，严厉查处违法违纪行为。大兴团结协作之风，大兴求真务实之风，大兴艰苦奋斗之风，全力营造创业、创新、创优的浓厚氛围，奋力开创增比、进位、突破的崭新局面。

二、绿色富民湄潭建设的主要任务

(一)实施工业强县战略,实现经济总量快速增长

实施工业强县战略,加快推进以绿色工业为主体、多种工业产业形式并存的工业化进程。坚持以优势资源和龙头企业为依托,以大项目为支撑,加快绿色食品工业园区建设,构建优势产业带动、资源产业提升、潜力产业培育的新型产业体系,实现经济总量快速增长。到2015年,工业总产值达到110亿元以上,年均增长30%,规模工业增加值达到20亿元以上,年均增长30%。

1. 加快工业园区建设,打造绿色产业集群

把加快工业园区建设作为推动工业强县战略和城镇带动战略的重要载体,把工业园区建设成为湄潭优势产业的集中区、对外开放的窗口和县域经济发展的增长极。

加快园区基础设施建设。建设和完善茶叶加工、食品加工、农产品精深加工、药业、仓储业和生活服务区七大功能区基础设施,实现园区"七通一平"的市级园区标准。积极引导规模生产的农产品精深加工企业入园,形成规模效应。重点抓好绿色食品工业园区道路、桥梁、供排水、供气、供电、污染处理系统以及学校、文化、体育、医院等配套基础设施建设。

促进重点工业企业提质升级。以陆圣康源、栗香、兰馨、天泰、盛兴、以晴等茶业企业为重点,完成现有绿色食品工业园区重点企业的技改及扩大升级工作;推进以粮油类为主的企业的科技创新和科技研发工作,以茅贡米业、以晴集团、南方嘉木为重点,借用遵义市东部雄厚的农业产业基础,组建以优质米、优质油的企业集团,使之规模达到国内一流企业标准。

强力推进园区招商引资。以项目作为招商引资工作的核心,下大力气抓好招商引资项目建设,突破用地和融资瓶颈,千方百计解决制约招商引资的难点问题,实现由招商引资向招商选资的转变,突出重点,创新招商方式,坚持实施走出去与请进来的开放带动战略,使招商引资工作实现跨越式突破。

鼓励和引进潜力中小企业落户。因地制宜,科学规划,鼓励和引进一批具有发展前景好的中小企业落户绿色食品工业园区,以现有企业为基础,鼓励组建企业联合体,引进关联中小企业入驻,规划建设小企业创业基地。注重科技研发、信用担保、彩印包装、物流交通等配套中小型企业的引进,使园区实现真正意义上的以绿色食品为主的综合性工业园区。

2. 重点发展优势产业，壮大特色产业实力

抓住绿色食品工业园区扩园升级的机遇，做大做强农产品加工优势产业，重点壮大茶叶、优质米、植物油、畜产品、酿酒、辣椒六大产业加工能力和产业竞争力。

茶叶加工。以兰馨、栗香、盛兴、茗茶、湄江印象、天泰、陆圣康源等规模企业为基础，积极引进外商投资，充分发挥现有品牌、技术、原料和市场优势，进一步提高创新研发能力和市场开拓能力，打造绿茶、红茶、边销茶茶业集团，实现一家以上规模企业上市。重点发展"湄潭翠芽"、"贵州针"、"遵义红"、茶缤纷、咖啡因、茶饮料等系列产品。鼓励企业开展茶叶的综合利用和深度开发，支持企业建立和扩大有机茶叶基地面积，扶持企业发展针对俄罗斯、非洲及东盟等国外市场的外销茶以及针对国内少数民族饮用的紧压茶。

优质米加工。以优质米基地建设为基础，以茅贡米业公司为龙头，扶持竹香米发展壮大，重点发展茅贡系列、稻鱼共生系米、竹香米、营养米粉、米胚芽等系列产品。鼓励茅贡米业公司与中粮油开展战略合作，实行整合改组，快速提升产能和市场占有率，实现公司上市目标。

油料加工。以优质油菜基地和茶叶基地为基础，以永隆粮油公司、天利达、以晴集团、南方嘉木为主体，支持企业技改扩能，重点发展茶叶籽油、食用油等系列产品，鼓励企业研发生产高档有机植物油、色拉油，进军消费高端市场。

畜产品加工。以银盘山食品有限公司为龙头，完成与县屠宰场的整合，在原址扩建成三星级以上定点屠宰加工基地，鼓励开展环保整治，强化质量控制，生产冷冻肉、冷鲜肉、香肠等多种肉制品，满足市场多样化的需求。

酿酒加工。以湄窖酒业公司、芙蓉江酒厂、湄河酒业为龙头，传承传统酿造工艺，恢复湄窖酒、芙蓉江的品位，以湄窖、东方剑桥为拳头产品，开发茶香酒等特色产品，占领高端市场，扩展农村消费市场，重振湄潭酒业。同时开发优质牲畜饲料，形成粮、酒、饲料产业循环，提高综合效益。

(二)推进城镇带动战略，引领城乡协调发展

以"文明中国茶城"建设为契机，全力实施旧城改造、新区开发，推进城市文明向农村辐射，走具有湄潭特色的城镇化道路。力争到"十二五"末期，城镇化水平达到42.8%以上，将湄潭创建成为省级文明县城、省级园林县、国家卫生城市和国家级生态县。

优化区域空间布局，完善城镇发展体系，推进城市辐射农村。以县城为核心，辐射带动永兴、马山、石莲等小城镇建设，带动村庄城镇化进程，减少一产从业人员，以工补农、以城带乡，缩小城乡收入差别，不断优化需求结构、带动城市

文明向农村发展。推进城市管理向农村延伸，乡镇要按照“文明中国茶城”创建的总要求，启动乡镇集贸市场的规范化管理，全面消灭“马路市场”，推动“亮化、美化、净化、绿化”工程，不断推动农村人口向城镇聚集，推动城乡经济社会协调发展。

(三)实施新农村建设战略，加速推进农业产业化

以农业增效、农民增收为核心，以建设国家现代农业示范区、国家农业科技园区为载体，全力实施新农村建设战略。按照规划先行原则，高起点规划一批技术先进、科技含量高、市场占有能力强、有机高效生态、有一定规模的现代农业示范区，全面推动农业现代化发展。

1. 推进村庄城镇建设，塑造黔北民居新村

总结新农村建设经验，扩大试点范围，全面推进村庄城镇化建设。以“四在农家”创建活动为载体，继续推进黔北民居新村建设计划。加强基础设施建设，改善农村人居环境，塑造环境优美乡村。加强村庄整治，推进农村危房改造，实现新农村建设提档升级。

扩大试点范围。坚持以农民为主，政府补贴为辅，推进新农村建设向纵深发展，到2015年全面完成黔北民居建设计划，实现新农村建设的全覆盖。按照“二十字方针”的要求，坚持因地制宜、分类指导、典型示范、稳步推进，多渠道整合项目、资金，积极引导社会力量参与，进一步扩大规模、丰富内涵、提升档次、培育品牌。在湄江镇核桃坝、黄家坝镇官堰两个村庄城镇化试点的基础上，坚持重点推进国省道及公路沿线，连片打造自然村寨，每个乡镇创建一个“村庄城镇化”示范点，扩大试点范围，巩固试点成果，着力推进村庄城镇化建设。

强化基础设施建设。以“五改三建三清”为主要内容，不断加强村镇基础设施、公益设施、农民住宅等方面的规划建设，努力改善农村生产生活条件。“五改”:改路，逐步实现乡村道路硬化，实现县公路达到三级、绝大部分乡村公路达到四级、已经改建过的主要乡村公路全部铺装高级或次高级路面。改水，集中解决农村饮用水困难和饮用水安全的问题。改厨，加大防氟灶、节煤灶建设，积极推进沼气普及。改厕，以户厕改造为主，整治改造公共露天旱厕。改圈，加大标准化圈舍建设。“三建”:建宅，按照黔北民居建设要求，推进村庄整治和农村危房改造工作，引导农民集中建房。建池，每户建一口沼气池。建园，大力发展蔬菜、经济林园和兴办“农家乐”等致富庭院经济。“三清”:在农村全面推进“清垃圾、清污泥、清路障”工作，整治脏、乱、差现象。

推进村庄整治，抓好危房改造。加快推进全县15户以上相对集中居住的自然村寨进行村庄整治规划，大力推进和实施“五到户、三到点”工程，实现水泥路

连到户，自来水通到户，农网改造到户，电视通信到户，庭院硬化到户，文体设施建到点，计卫室建到点，农村客运通到点。全面推进五保户、极贫户、地质灾害户、一般户的危房改造工作，整合上级补助资金、县级匹配资金、乡镇补助资金、农户自筹资金、社会捐助资金等各类资源，全县推进危房改造，使农民走上安居乐业富民的道路。

2. 调整农业产业结构，提高现代农业水平

坚持以科技进步为核心，优化农业种养殖结构，突出特色产业和优势产业，培育新兴产业，提升农业现代化水平。

优化农业种养殖结构。科学规划，合理布局，不断提高农业的种养殖水平。按照“北茶南烟中粮油”的区域布局，抓好优质粮油、茶叶、烤烟三大特色和优势种植产业的生产。按照“南北牛、羊、兔，中部猪、鸡、鱼”的总体布局，在平坝及丘陵地区重点发展生猪标准化规模养殖、青田田鱼养殖、茶园生态养鸡，在高山及半高山地区发展以牛、羊、鹅、兔为主的草食畜禽。

大力开展农业科技创新。实施种子创新工程，完善农林畜禽水产优良品种培育、选育、引育系统，提高优良品种覆盖率。建设高产、优质、高效、规模化综合生产技术体系，加强农业科技集成和推广，扩大机械耕作范围，提高耕作水平，促进农业产业结构调整，转变农村生产方式。实现主要农作物、畜禽繁育养殖、疫病防治技术的升级，推进规模种养殖及产业化。加快农业技术推广体制创新，构建以国家公益性农技推广机构为主体，农民专业合作组织为基础，农业科研教育单位和涉农企业广泛参与的多元化农业科技推广体系，加速农业科技成果转化。建立农业科技示范基地和示范企业，农村专业合作社、农技协，引导龙头企业组建科、经、贸一体化的农业专业合作联合体。开展多形式、多层次的农业适用技术培训和科技普及，提高农村人民群众的科学文化素质。

3. 以基地建设为抓手，实现产业规模发展

以国家现代农业示范区为龙头，重点推进茶、优质米、烤烟等特色农产品基地建设。利用区位条件改善的优势积极发展都市农业，加强畜牧渔业产业化载体建设，为实现农业产业规模化奠定基础。

茶叶基地建设。以标准化茶园建设为重点，优化茶产业功能布局，着力打造清江锌硒有机茶叶产业带、湄江湖优质茶叶产业带、核桃坝观光茶业产业带、云贵山生态茶叶产业带、仙谷山优质茶叶产业带五条茶叶产业带，力争到“十二五”期末，茶园面积达到40万亩以上，有机茶园面积达到10万亩。

优质米基地建设。打造以湄江河中上游为轴心的优质米产业带，力争到2015年基地面积达到25万亩以上。建立1～2个优质稻新品种的试验示范基

地，建立 5～10 个优质稻生产专业合作社，新增建设稻鱼共生基地 5 万亩。

烤烟基地建设。突出湄潭生态环境优势，彰显湄潭优质烟叶（中华烟原料基地）特色，以石莲、茅坪、洗马三个基地单元的建设为重点，实现 20 万亩基本烟田的发展目标，形成 200 亩以上的连片种植片区 202 个，并配套实施烟水工程、烟路工程、育苗工场等设施。

果蔬产业。以黄家坝镇为重点，推进十里桃花江 3000 亩梨树种植基地建设；加大无公害蔬菜基地建设，培育蔬菜基地 15 个，种植面积 7.5 万亩；巩固优质辣椒基地 15 个，种植面积 15 万亩。

中药材产业。重点开展中药材 GAP 生产示范基地的建设与推广，调整中药材种植结构，推动地道药材的 GAP 种植，大力促进中药材种植规范化、标准化。加强对野生药用资源的保护、开发、利用，推动中药材的野生抚育和驯化等工作，达到药用资源的可持续利用。到“十二五”期末，中药材种植基地面积力争达到 5 万亩以上。

畜牧渔业。加强产业化载体建设，新（改）建标准化规模生猪养殖场、种猪场、万头商品肉猪场、良种公猪供精站，推进青田田鱼养殖“高效稻鱼共生农业系统工程”，建设 10 万亩茶园生态养鸡，利用退耕还林地推广牧草种植和牛羊饲养。

4.完善农业组织体系，转变农业发展方式

以市场组织体系的完善为主体，强化品牌和市场建设，完善社会化服务体系，整体提高农业产业的市场化水平。

完善市场组织体系。培育和壮大龙头企业，引导龙头企业建立规范的现代企业制度，与农户形成利益共享、风险共担的经营机制，鼓励发展订单农业。以“公司＋农户”或“公司＋协会＋基地＋农户”等形式，提高行业的组织化程度，带动产业的整体升级，全面提高湄潭农业的产业化经营水平和龙头企业的市场竞争力；积极扶持发展农村专业合作组织，提高农民组织程度，完善产业发展体系，增强抗御自然风险和市场风险的能力；大力培育各类农村专业大户，上档次、上规模，培养具备企业家精神的大户，鼓励农户以创业带就业。

加强品牌与市场建设。加强对优势农产品主打品牌的建设与管理力度，建立健全“湄潭翠芽”、“茅贡米”等核心品牌的质量管理监控体系，打响“有机”、“绿色”、“无公害”品牌。重视市场规划和营销策划，努力把主打品牌建设成为全国知名品牌，以主打品牌带动整个产业的发展。

构建社会化服务体系。加快构建以公共服务机构为依托、合作经济组织为基础、龙头企业为骨干、其他社会力量为补充，公益性服务和经营性服务相结合、专项服务和综合服务相协调的新型农业社会化服务体系。加快农业科技服务平台建设，构筑县、乡、村三级农村科技信息网络服务体系。完善县、乡、村动物防疫网络，推进农作物病虫害专业化统防统治。

5. 落实强农惠农政策，大力增加农民收入

认真落实好各项涉农补贴，进一步推进“家电下乡”、“摩托车、汽车下乡”工作，拉动农村消费。深入实施“四种”工程和农业科技入户工程，健全农业科技服务体系，继续支持科技人员参与和领办现代农业。大力实施“阳光工程”和“雨露计划”，扎实推进“三百工程”，加强对返乡农民工技术培训，增强农民致富能力。继续实施“巩固退耕还林成果规划”，拓宽农民增收渠道。加强农机购置补贴工作，大力推广农业机械，提高农业生产机械化水平。

(四)实施乡村旅游发展战略，促进农村第三产业发展

1. 推行以黔北民居为特色的乡村旅游工程

全县乡村旅游具有广阔的市场前景和发展空间，要着力实施好以黔北民居为特色的乡村旅游工程，使乡村旅游沿着与生态旅游、文化旅游、观光农业紧密结合的方向发展，进一步发掘乡村旅游的生态内涵和文化内涵。实施乡村旅游宾馆计划，使乡村旅游得到进一步延伸和巩固。

2. 完善旅游基础设施，提高旅游服务能力

提升旅游接待能力，完善“四在农家”的乡村住宿接待设施，增建汽车营地、露营地等住宿设施，提高高档宾馆数量和接待能力，实现住宿类型多样化，满足不同层次消费者需求。对茶科所、茶厂进行改扩建，结合茶博物馆建设游人接待中心。加强旅游中介环节建设，引进或建立国内、国际旅行社；注重旅游人力资源开发，建立人才引进机制，加强人员培训，提高服务质量。

3. 加强旅游规范管理

优化旅游市场秩序，大力开展旅游诚信活动，加强旅游从业人员的综合素质培养，提高其职业道德，并建立相关的监督、管理、评价、奖惩制度，完善乡村旅游星级评定，制定切实可行的饮食安全规章制度，引导旅游业健康、持续发展。

(五)深化农村综合改革，增强经济社会发展新活力

推进农村综合改革，积极探索在工业基础薄弱条件下的农村改革新经验，建立健全以工促农、以城带乡、城乡互动的政策体系，促进生产要素在城乡之间自由流动，为全省乃至全国农村改革发展探索模式、作出示范、积累经验。

1. 创新土地制度建设，提高土地利用水平

创新土地管理制度，推进农村集体建设用地、承包地、农民宅基地使用权流

转，实现土地集约利用和规模化经营。积极推进土地流转平台建设，完善县、乡镇、村三级土地流转体系。创新土地经营方式，通过土地股份合作社和土地银行试验，提高土地利用效率，实现土地要素的重组。

创新土地管理制度。在严格保护耕地前提下，通过土地综合整理，开展农村建设用地与城镇建设用地指标增减挂钩试点，创新农村集体建设用地使用权流转途径和管理办法。探索建立农村土地承包经营权流转市场，依法推进农村土地承包经营权流转，促进农村土地集约化规模化经营。探索在城镇二三产业就业、拥有城镇住宅、享受城镇居民社会保障和公共服务等基本条件下，农民自愿放弃农村土地承包经营权和宅基地使用权，放弃集体经济组织成员身份，转化为城镇居民的政策措施，建立对进城农民自愿退出的农村承包地和宅基地的管理办法和使用机制。

完善土地流转平台。坚持依法、自愿、有偿、规范的原则，依托特色产业、主导产业，推动土地向种养企业、农民专业合作社和大户能手集中，向产业园区和企业原料基地集中。以农用承包地经营权的流转作为交易对象，建立县、村、镇三级土地流转市场，搭建土地流转信息平台，规范土地流转程序，完善土地流转档案，采取贷款贴息、奖励补助等方式，加大对土地承包经营权流转大户的扶持力度。

创新土地经营方式。探索农村集体土地使用权和承包经营权入股，开展农村集体土地承包经营股权化合作经营的试点。实行专业化社区土地股份合作制和“土地银行”制度，实现土地要素的重组，提高农业产业组织化程度和市场化水平。

2. 深化金融体制改革，全力打造信用湄潭

以金融机构的完善为核心，以打造信用环境为关键，以做大融资平台为抓手，深化金融体制改革，全力推进金融信用县建设工作，为新农村发展构建优质的发展环境。

拓展金融机构，完善服务体系。健全金融服务机构，改善投资环境，加大招商力度，吸引社会资金，成立小额贷款公司，培育村镇银行，发展民间资金互助组织。支持金融机构延长服务链条，扩大金融服务网点，缩小金融网点的服务半径；改善支付服务环境，增强农村支付系统、业务处理的广度与深度，加大“惠农卡”在农村地区的推广应用力度，推行新型农村合作医疗“以卡代证”工程，深化农民工银行卡特色服务，大力发展票据业务；提高金融服务质量，推行企业开户、办证绿色通道，贷款专人跟踪服务，加强金融系统职工的培训力度，增强服务意识。

打造信用环境，健全优惠政策。广泛开展“信用为本、失信可耻”的诚信教

育，大力宣传建设信用县中涌现出来的好典型、好经验、好做法；积极开展创建活动，制定信用乡镇、信用村居、信用居民户、信用商户、信用企业标准，积极开展创建信用模范的活动；坚持信用等级动态管理，制定信用等级管理办法，建立征信系统；认真落实国家、省、市关于金融信用建设的一系列优惠政策。

做大融资平台，提高信贷能力。做强现代农业信用担保公司，建立现代农业信用担保公司资本金补充和风险补偿机制；大力培育信用担保机构，支持现有投资担保公司增资扩股做强做大，引进县外投资担保公司到本县建立信贷机构；拓宽融资渠道，积极推进农房和林权抵押贷款，开辟农户新的融资渠道，促进农村经济加快发展。

3. 深化户籍制度改革，解决城乡二元结构

推行城乡统一的户籍登记制度，打破农民变市民的户籍障碍，放宽落户条件，放开户口迁移政策，努力从根本上解决城乡二元结构问题。

创新户口登记制度。打破城乡分割，在全县范围内取消农业、非农业户口性质的划分，落实“一元化”户口登记制度。实行以实际居住地划分城镇人口和农村人口，以职业区分农业人口和非农业人口的统计方法。

放宽落户条件。积极有序引导符合条件的农民转变为城镇居民，对于具有城镇稳定就业和住房的农民，或具有特殊才能的农民，或符合省相关文件精神在本县投资兴办实体，生产、经营的个体私营企业业主及其居住的直系亲属，放宽其落户条件。

推进自由迁移制度。大力推进县域内自由迁移制度，推行县域内流动人口居住证制度。探索建立农村人口进城就业、就医、子女就学、社会保障、租购住房等方面的配套政策，促进进城农民安居乐业，形成农村人口向城镇转移的吸纳机制。

（六）加快基础设施建设，提升城乡综合承载能力

牢固树立交通引领经济的发展理念，优化对接重要交通要道，全力加快以交通为主的基础设施建设，统筹解决好电力需求、农村水利等设施建设，构建布局合理、畅通便捷、城乡共享的基础设施网络。

1. 连通内外覆盖城乡，构建综合交通网络

加快建设对外快速大通道和通乡通村道路，构建综合立体快捷的现代交通体系，形成连通内外覆盖城乡的综合交通网络。

路网体系建设。结合已开工或即将开工建设的杭瑞高速、黔北高速、新舟机场、威吉铁路、沿江港口等国家重大交通基础设施，不断优化本县交通网络，建设畅通出境交通大动脉；推进“四横二纵二联线”的路网体系建设。以县道为干线

公路，以全县所辖乡(镇)政府驻地为主要节点，提高联络线等级，形成东西南北贯通、环形布局封闭的干线公路网。

综合运输管理服务体系建设。在县城区建立湄潭县交通运输服务中心，修建乡(镇)汽车客运站，农村客运以县城为中心，以乡(镇)和行政村为重点，以验收合格的公路为准入条件，最大可能地满足农民出行需求。长途客运或超长客运按照“节点运输”的原则规划班线，积极发展“城乡公交一体化”。坚持面向农村，确保安全，力争覆盖面达100%，形成城乡贯通、干支相连、辐射村寨、四通八达的交通客运网络。

2. 加快电力电网建设，构建能源保障体系

加快推进农村电网低压线路改造和城乡输变电工程，全面实现城乡居民用电同网同价，提高人民生产和生活用电水平，加快清洁能源建设，有效缓解能源瓶颈制约。

抓好电力设施建设。着力改善电力网架体系结构，规划新建220kV湄潭变电站，实施新建110kV新南输变电工程、110kV马山输变电工程以及110kV湄潭县变电站增容工程。实施新建35kV天城输变电工程、35kV万马输变电工程、35kV干溪输变电工程、35kV天城变～35kV兴隆变输电线路工程以及新建10kV新工业园区开闭所。扩建35kV兴隆变、35kV永兴变、35kV高台变、35kV洗马变。在未完成农网改造的村组全面完成全县农村电网改造，确保供电质量和供电可靠性大大提高。

加快清洁能源建设。抓好湄江河梯级水电站开发，规划建设牛角塘水电站，扩大小水电代燃料试点工程。继续实施农村沼气池建设工程，支持规模养殖区发展大中型沼气池，推广应用秸秆气化炉具。提高农村户用沼气普及率，加快规模养殖场及养殖区大中型沼气池建设，提高农村生产用电覆盖面、生活(炊事)用电普及率，减少生活用柴农户比重。

3. 完善农业基础设施，改善农业生产条件

以水利设施、农村交通等基础设施的完善为核心，大力改善农业生产条件，为农业现代化水平的提升奠定坚实的基础。

水利设施工程。继续实施人畜饮水安全规划项目，加大解决农村饮水安全投入力度，争取将规划内和规划新增农村饮水安全17.71万人列入国家专项计划，基本解决农村人口饮水安全问题，争取推进湄潭水利扶贫“益民工程”雨水集蓄利用“三小”工程打捆项目建设，继续实施湄凤余灌区节水改造工程续建配套建设，加大农业节水综合改造力度；加大中小河流治理、新水源工程建设、中央财政小型农田水利重点县建设项目力度；完成规划内和新增等8座病险水库除险

加固建设;继续实施“长治”工程和“国债”水土保持水保项目;对承担有供水任务的河道及水库实行水资源有效保护。

农村交通工程。结合旅游及扶贫开发,修建村组公路、旅游公路、扶贫公路,形成比较完善的、经济合理的、直捷便利的农村公路网络。实施通达通畅农村公路建设工程,启动各乡镇通村公路改建;修建国营湄江林场专用公路、国营湄潭县永兴农场专用公路、永兴茶场万亩茶海专用公路、湄潭县烤烟主产区专用公路、煤矿专用公路。完善农村公路养护管理体系,推进建、管、养、运一体化,新建农村公路养护服务中心,建立农村公路养护“三制”、“五定”制度。

(七)强化生态环境保护,实现协调与可持续发展

以创建国家级生态县为抓手,提升生态文明水平,积极发展低碳经济,大力开展污染控制,全面提升环境质量,把湄潭建设成为经济与环境协调发展,人与自然和谐共生的“山水茶园”城市。

1. 强化生态体系建设,创建国家级生态县

全面开展农村生态环境保护工作。以国家生态县标准提升乡镇环境质量,以争取获得“全国生态乡镇”命名为主要方向,积极开展省级和国家级生态乡(镇)与生态村建设。扩大无公害、绿色、有机食品种养基地建设面积和规模。大力实施农村环境综合整治工程,不断提高农村“三废”(粪便、秸秆、生活垃圾和污水)的综合利用水平,加大控制农药、化肥、地膜污染力度,建立农产品、农药残留及农业环境监测体系,保障食品安全。加强对畜禽养殖业的污染防治与环境监管。

提高生态环境承载能力。建立完善县域环境功能区划,建立基本生态控制线制度。实施对重要生态功能区、重点资源开发区和生态良好区的分区保护,推进水土流失综合治理工程、石漠化生态重建工程和基本农田保护区建设。强化对重要生态功能区的强制性保护,建立县级湄江河上游水源保护区、湄江峡谷自然风景保护区和百面水自然保护区。继续加强退耕还林工程、荒山造林工程和绿色通道工程,加强森林资源的抚育更新以及生态公益林保护建设,增强区域生态承载力,加大林政执法和护林监督力度,争取县级黄杉自然保护区的升级申报与建设,2015 年全县森林覆盖率提高到 58%以上。

2. 强力推进节能减排,提高资源回收利用率

发展循环经济,促进清洁生产,大力推进产业生态转型,走新型工业化道路。落实污染物总量减排,提高资源利用率。

大力推进产业生态转型。调整工业布局,实施“工业进园”,坚持用循环经济理念发展壮大湄潭绿色食品工业园区,制定出台鼓励发展循环经济、低碳经济的

产业政策，重点支持发展污染小、能耗低、效益好的新型产业和高科技产业，推进利用清洁生产技术改造能耗高、污染重的产业，不断提高资源性产品的加工深度，延长产业链，增加附加值，以节能、节水、节材、节地、资源综合利用和发展循环经济为重点，初步形成以资源节约型、环境友好型、清洁生产型为特征的新型工业化格局。

促进资源综合节约利用。规范和完善再生资源回收行业管理，鼓励发展规模化、产业化的资源再利用产业发展，按照"无害化、资源化、减量化"原则，全面开展生活垃圾资源化利用工作。推动不同行业通过产业链的延伸，实现废弃物的循环利用，工业固体废物综合利用率稳定在95%以上。认真落实有关资源综合利用和废旧物资回收经营的税收优惠政策，建立节约资源的体制机制和政策体系。充分发挥市场机制和经济杠杆的作用，注重运用价格、财税、金融手段促进资源节约和有效利用。

(八)全面推进社会事业，提高城乡公共服务水平

以促进人的全面发展为目的，着力发展各项社会事业，促进公共服务均等化，改革公共服务供给模式，切实履行政府公共服务职能，促进社会发展成果普惠共享。

1. 优先发展教育事业，提升人力资源素质

坚持教育优先和适度超前发展原则，切实加大投入，巩固"两基"成果，优化教育资源配置，促进教育均衡发展，形成学前教育、义务教育、高中阶段教育、职业教育、民办教育协调发展的良性机制，加快建设教育强县。

巩固"两基"成果，提高义务教育水平。完善区域教育规划和学校布点调整规划，优化教育结构，有效整合教育资源。实施湄潭县义务教育阶段学校标准化建设工程，加大薄弱学校建设力度，认真实施校舍安全工程、"薄改"工程。巩固普及九年义务教育成果，加快普及高中阶段教育，逐年扩大普通高中办学规模。加强中小学教师队伍建设，提高教师整体素质，提升办学质量。完善中小学教育教学管理质量评价体系，全面实施素质教育，提高教育教学管理水平。到2015年，适龄儿童入学率达到99.4%以上；初中入学率达到98%以上；高中阶段毛入学率达到85%以上。

大力发展职业教育。加快职业教育资源整合，加大技能型紧缺人才培养。到2015年，普高与职高招生比例达到1∶1的目标，将县职业高级中学建成国家级重点中等职业技术学校。以农村中等职业教育为重点，建立一批职业教育培训基地、公共实训基地、农民工培训示范基地和再就业培训基地。加强农民实用技术培训，提高农民综合素质，大力提升农民转岗就业能力，努力造就一大批有

文化、懂技术、会经营、适应新农村建设需要的新型农民，到 2015 年，农民教育培训体系基本健全。

构建终身教育体系。实现教育资源面向社会全面开放，依托县、乡、村三级成人培训校点资源，大力开展实用技术培训，全面扫除青壮年文盲，基本形成继续教育、岗位培训相结合的终身教育体系。积极发展社区教育，推进各类学习型组织建设。重视发展学前教育和特殊教育，鼓励社会力量发展学前教育，建设新区幼儿园和乡镇中心幼儿园，到 2015 年，农村幼儿受教育率达 95%以上。迁建完善县特殊教育学校，实现特殊学校招生，保障听力、视力残疾儿童少年就读需要，到 2015 年，“三类”残疾儿童少年义务教育入学率均达到 90%以上。

2. 完善农业科技支撑体系

积极推动农业技术创新体系建设。大力开展多形式、多层次的农业先进适用技术培训、转化、推广、应用，加大农业科技示范基地、示范园区建设力度，加强农村新型技术服务体系建设，提高农业技术普及率，推进农业综合生产能力和效率的提高，到 2015 年，农业科技贡献率提高到 50%，农业科技成果转化率提高到 45%。加快技术创新服务体系建设，深化科技体制改革，鼓励发展科技中介服务，完善科技成果评价奖励制度，建立县内科技资源共享机制，积极加入全国技术信息与技术产权交易网络，培育技术市场，促进技术交流与成果转化。

建立健全科技成果推广服务体系。拓宽科技投融资渠道，加大科技投入力度，探索建立以政府投入为引导、企业投入为主体的多元化科技风险投融资体系，创建科技风险投资基金，建立科技风险担保机制，鼓励和支持金融部门加大对技术创新的投入。引导和支持企业与县内外高校、科研机构建立长期稳定的产学研合作关系或共同组建技术开发机构，特别是进一步加强与浙江大学的联系与合作，实现共同发展，进而提高企业科技创新能力和市场竞争力。

3. 大力发展卫生事业，提高全民健康水平

着力深化医疗卫生体制改革，优化卫生资源配置，加大农村卫生投入，贯彻落实人人享有卫生保健和基本公共卫生服务逐步均等化的要求，不断提高人民健康水平。

深化医药卫生体制改革。进一步完善新型农村合作医疗制度，调整充实县乡两级新型农村合作医疗管理机构，推进新型农村合作医疗信息系统建设，积极推行“门诊统筹＋住院统筹”的补偿模式，探索新农合支付方式改革，真正实现“农民得实惠、医院得发展、政府得民心”的目标，确保参合率达到 95%以上。

提高医疗卫生服务的可及性与公平性。推进农村医疗卫生事业的发展，加强农村卫生基础设施建设，重点改变农村医疗卫生基础设施建设严重滞后的状

况;积极引导县城卫生资源向农村基层转移或流动,建立对口支援、巡回医疗制度,对口重点支援乡镇卫生院建设;农村医疗卫生服务要在彻底缓解"看病难、看病贵"的同时,进一步加强疾病预防控制、妇幼保健、爱国卫生、健康教育工作。财政卫生投入重点向农村卫生、公共卫生、社区卫生和中医药事业倾斜,多渠道吸引社会资金发展卫生事业。坚持中西医并重,支持中医药事业发展。

强化公共卫生体系建设。继续加强疾病信息网络体系建设,确保疾病信息反馈及时畅通。建立健全突发公共卫生事件应急机制和疾病预防控制体系,增强公共卫生管理和处理突发事件的应对能力。加强卫生监管体系建设,建立健全县级卫生和药品监督执法机构。加强农村改水、改厕、除四害等公共卫生建设,改善农村卫生落后的状况。广泛开展群众性爱国卫生运动,加强健康教育,减少传染病、职业病的发生率。

4. 发展文体广电事业,丰富群众文化生活

大力繁荣公共文化事业。加强文化基础设施建设,加快浙江大学西迁历史博物馆、文化馆、图书馆、乡镇综合文化站、城镇影剧院、村(社区)文化室等公益性文化设施建设。积极发展公益性文化事业,推进文化信息资源共享、农村公益电影放映、农家书屋等惠农工程,积极开展送文化下乡活动,进一步丰富群众文化生活,建立完备的城乡公共文化服务体系。

积极发展体育事业。完善体育基础设施,在县城完善"三馆一场"建设,农村、社区要逐步实现片区有健身场、运动场。坚持形成以社会力量为主的多元化体育服务体系,发挥各体育协会的积极性,逐渐形成以社区体育形式丰富群众文体生活。在农村要开展丰富多彩、农民喜闻乐见的体育项目,条件成熟时可每两年召开一次全县农民运动会。

大力发展广电事业。解决农村收听收视难的状况是广电事业的重点之一。到 2015 年实现广播、电视覆盖率达到 98%和 99%以上。抓住国家实施 20 户以上已通电自然村"村村通"广播电视及 20 户以下已通电自然村"户户通"广播电视的机遇,做好前期规划和安装实施工作,到 2015 年要实现调频广播发射覆盖和中转站建设,使较边远的乡镇都能收听到广播电台节目,建立维护中心,形成长效服务管理体制。对已建成的地面卫星接收站加强维护管理。

(九)大力建设和谐湄潭,稳定社会发展环境

1. 完善社会保障体系,统筹城乡一体发展

结合"湄潭试验区"统筹城乡改革,逐步推进建立城乡统筹的社会保障体系,扩大社会保障覆盖范围,完善社会保障体系,积极发展社会福利事业,多渠道筹

措社会保障资金，提高保障水平。

不断健全社会保险体系。积极扩大社会保险覆盖面，继续推进医疗保险制度改革，不断完善医疗保险政策，建立多层次医疗保险体系；加强工伤保险制度建设，加大农民工特别是煤矿、非煤矿山等高风险行业人员参加工伤保险力度；启动并逐步完善新型农村养老保险政策和执行体系，认真实施新型农村养老保险试点工作；启动并实施被征地农民养老保障；完善村(居)干部养老保险和计划生育家庭养老保险，并实现与职工基本养老保险制度的完全并轨。

推进社会保障体系城乡统筹。建立城乡统一的社会保障管理经办机构，逐步推进经办机构整合；建立城乡统一的基本医疗保险体系，对人社部门管理的城镇居民医疗保险、城镇职工基本医疗保险和卫生部门管理的新型农村合作医疗统筹研究、系统分析，将之整合为一套完整的政策体系。推进新型农村养老保险与城镇养老保险的对接。结合"湄潭试验区"统筹城乡改革工作，逐步缩小城乡养老保险待遇的差距。

2. 千方百计扩大就业，鼓励推进民众创业

健全公共就业服务体系。加大县乡(镇)两级劳动就业社会保障服务中心以及社区、工业园区劳动就业社会保障服务站的建设力度，建立城乡统一的人力资源市场以及湄潭职业介绍和培训中心；开展订单式和菜单式就业技能培训，加快农村富余劳动力转移步伐；继续实施"就业服务月"、"民营企业招聘周"、"农民工专场招聘会"等就业服务活动。

吸引农民工返乡创业。进一步完善和落实创业扶持政策，建立健全促进创业带动就业的服务体系和管理机制，引导鼓励自主创业，农民工返乡创业，从源头上促进就业。加大"湄潭县创业指导(服务)中心"的建设力度，在湄江镇设立1～2个就业创业服务窗口，扩大"偏岩塘创业园"创业规模；结合地方产业发展，大力发展职业技能培训和创业培训，初步建立与经济社会发展相适应的职业技能培训、鉴定体系，建立"湄潭县职业技能鉴定中心"，主要开展茶业有关工种的鉴定，探索建立"湄潭县创业实训基地"，不断扩大创业扶持规模和水平，"十二五"期间重点扶持创业人员500人以上，实现创业带动就业4000人以上，培训各类人员7100人。

建设和谐劳动关系。稳步实施劳动合同制度和集体合同制度，规范劳动用工制度，开展"农民工劳动合同签订春暖行动"；进一步落实"四入"活动精神，开展创建"和谐劳动关系企业"活动，引导社会尊重劳动者合法权益，完善人力资源市场工资指导价位制度建设。加强劳动争议仲裁调解工作，建立"湄潭县劳动人事争议仲裁院"、"湄潭县劳动监察局"，探索建立政府主导调处重大案件机制；加大劳动保障监察执法力度，加强劳动保障监察"网格化、网络化"管理试点工作。到2015年，劳动合同签订率达到95%，劳动争议、投诉举报案件结案率达100%。

第三章 绿色富民湄潭建设的评价

评价绿色富民湄潭建设是客观评价湄潭社会主义新农村建设进程和量化新农村建设水平的需要。通过评价绿色富民湄潭建设水平，找出湄潭社会主义新农村建设的不足和偏差，进而科学地推进社会主义新农村的建设。在此，将从新农村建设的“二十字方针”出发，建立一套绿色富民湄潭的指标体系，对绿色富民湄潭建设的进程进行评价，通过数据加工和计算处理，对绿色富民湄潭的优势和劣势进行分析，并提出改进方法。

一、绿色富民湄潭评价的指标体系

(一)绿色富民湄潭评价指标体系的意义、原则和思路

1. 建立评价指标体系的意义

“三农”问题多次被中央强调为全党和政府全部工作的重中之重，解决“三农”问题对国家发展战略具有重大

的意义。2005 年 10 月，党的十六届五中全会提出了建设社会主义新农村的重大历史任务，同年 12 月底，中央出台了《中共中央国务院关于推进社会主义新农村建设的若干意见》的“一号文件”，再次把“三农”问题摆在了全党工作的重中之重的战略高度，同时社会主义新农村建设也从党的意志转变为国家重大战略。

自提出“建设社会主义新农村”战略以来，全国各个地区根据自己本地区的实际情况大力推进社会主义新农村建设，也把新农村建设作为重要战略来抓。2006 年年底以来，湄潭县按照新农村建设“二十字方针”的要求，以科学发展观为指导，结合县情，不断探索，以“绿色富民”为核心，按照巩固、提高、延伸、辐射的创建方法，形成了以“四在农家”为载体，以农业产业化建设为支撑，以村庄整治为重点，以“黔北民居”为抓手，形成了独具特色的湄潭社会主义新农村建设模式，全县农村面貌发生了可喜的变化。然而，新农村建设是一个全面、动态发展的过程，并且这个进程将是长期的、艰巨的，正确认识及评价新农村建设的现状，量化新农村建设水平，可以针对建设新农村出现的不足和偏差进行分析，理清思路，找出差距，解决问题，并有针对性地提出相关对策建议，为绿色富民湄潭建设制定有关决策提供科学依据，这对湄潭县推动社会主义新农村建设的健康发展具有重要的现实意义。

2. 建立评价指标体系的原则

科学合理的指标体系，在构建过程中必须遵循科学的原则。绿色富民湄潭评价指标体系要以新农村建设的内涵以及发展规律为主，进行全方位、多角度的分析，要注重体现新农村建设的“新”，强调以人为本，体现科学发展观的要求。通过借鉴参考其他新农村建设评价指标的研究方法，并结合绿色富民湄潭建设的实际情况，确立了绿色富民湄潭建设评价的基本原则。

(1)综合性原则。新农村建设不是某一个单方面建设的过程，它涉及很多方面，按照新农村建设的“二十字方针”，应包括“生产发展、生活富裕、乡风文明、村容整洁、管理民主”几个方面，所建立的指标体系要体现综合性，能以多维的角度构造出全面综合的新农村建设概貌。从全国范围来讲，贵州经济发展处于比较落后的水平，在新农村建设过程中固然要以生产发展为主，但是绝不能忽视社会、政治、文化、环境等方面的建设，因此在指标的选取过程中应该要能充分反映出新农村建设的各个方面，避免遗漏。

(2)代表性原则。建立的指标需要具有广泛的代表性，社会主义新农村建设的内涵十分丰富，可供选择的指标非常多，但在指标体系构建过程中，又不能选取太多的指标，因为这样会造成指标体系的庞杂，不易于进行操作和评价，同时也可能导致指标之间的重复而缺乏独立性。因此，结合绿色富民湄潭建设的实际情况，要求指标覆盖面广，代表性和独立性强，即指标之间互不涵盖，缺一不

可，用尽可能少的指标全面、综合、准确地反映出湄潭新农村建设的发展状况和主要发展特征。

(3)可获得性原则。指标体系的构建目的在于应用，在指标的设计上必须要清楚哪些数据资料是可以获得的，计算和操作是否简便。评价反映的内容广泛，涉及的指标也很多，应该从那些比较容易获取的指标入手，选择那些具有普遍意义的、具有连续性的指标。对于有些指标，虽然从理论上来分析是非常有意义的，但是缺乏现实和可行性，实践中很难用某项确切的指标来描述，如果不考虑可操作性的要求主观选取，必然会造成认识和判断上的错误和困难。

(4)可比性原则。指标必须能够适应不同区域的发展状况，各项指标的涵义、统计口径和适用范围对不同地区必须一致，具有可比性。所有选择的指标能够根据测量标准进行量化，即确定新农村建设评价指标体系既要能够体现新农村建设发展进程的阶段性，又要体现贵州各地区之间新农村建设发展进程的差异，即纵向比较和横向比较。因此，在选择指标的过程中，主要选择可以比较的指标统计口径，比如采用人均、比重等相对数，尽量不使用绝对数。

3. 建立指标体系的思路

首先，指标体系一般分为点和面两方面的评价。在指标体系构建之初，一定要先明确是点评价还是面评价，这是非常重要的，只有这样才能更好地、合理地选择指标。由于农村地区差别比较大，而且相关数据的获得性比较差，所以本章在对绿色富民湄潭建设评价指标体系的构建上，是从面评价出发的，也就是说是对湄潭区域整体新农村建设进程的评价，而不是针对湄潭某个村新农村建设水平的评价。

其次，是评价视角的选择。在已有的文献中，不同的学者从不同的视角对新农村建设进行了评价，有些学者紧扣中央提出的"二十字方针"进行评价，也有学者根据人本发展理论，围绕农民主体及其面临的约束条件来评价。按照"二十字方针"设计的指标体系既能体现新农村建设实际，又与多个评价指标体系相似，具有参考性。因此，绿色富民湄潭评价指标体系是从"生产发展、生活宽裕、乡风文明、村容整洁、管理民主"这五个方面来构建的。

最后，根据建立指标体系的原则选取指标，确定指标的目标值和权重。在指标的选择过程中，主要参考其他指标体系中使用频率比较高、在实际操作中能获取数据值并且能较好体现"二十字方针"的指标，所选指标应能客观地反映绿色富民湄潭建设的发展水平，这些指标不是所有农村都应该达到的标准，而是农村发展应该努力的方向。目标值到底确定为多少并没有一个统一的标准，但是新农村建设是全面建设小康社会的必然要求，从这个角度出发，一些指标目标值的确定可以参照全面建设小康社会的目标值，同时应根据贵州全省以及湄潭自身的实际来确定目标值。确定权重的方法很多，本章确定权重的方法主要是使用层次分析法。

(二)绿色富民湄潭评价指标体系的设计

1. 指标选取

本章在指标体系的构建上主要是从建设社会主义新农村的“二十字方针”出发，把建设社会主义新农村作为总目标，然后下设五个准则层，即“生产发展、生活宽裕、乡风文明、村容整洁、管理民主”，每个准则层里再具体设计指标，整个指标体系为三层结构，逐级分解达到可量化指标。在指标选取过程中，主要采用频度统计法、理论分析法和专家咨询法来确定评价指标，首先对已有的相关新农村建设评价指标进行频度统计，选取使用频率较高的指标，把一些明显不太适合的指标删去，构成预选指标集；然后，通过理论分析法对社会主义新农村建设的内涵、特点、状况、主要问题进行综合分析和比较，选择重要且针对性强的指标，初步建立评价指标体系；在此基础上，广泛征求专家、湄潭相关管理部门的意见和建议对指标体系进行调整，经过反复修改、补充与完善，最终建立评价指标体系(图 3-1)。

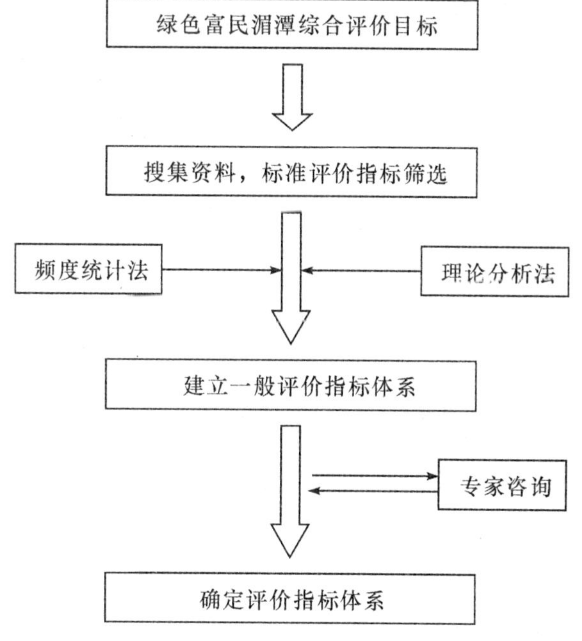

图 3-1　绿色富民湄潭评价指标体系建立过程

生产发展方面主要从湄潭整体经济发展水平、农业现代化、农村经济结构的优化、农村生产的规模以及农业水利建设情况几个角度出发，选取了人均 GDP、耕地有效灌溉率、农业劳动生产率、单位面积拥有的农用机械总动力、人均粮食产量、农村非农产业劳动力比重六个指标。

生活宽裕方面选取了农村恩格尔系数、农民人均纯收入、每千农业人口乡村医生和卫生人员数、农村人均住房面积、安全饮用水比重、农村百户家庭主要耐用消费品拥有水平、农村基本养老保险参保率七个指标。这些指标反映了农村居民的富裕程度、居住情况以及农村卫生事业和社会保障情况。

乡风文明方面选取了农村人均受教育年限、文教娱乐支出比重、万人刑事案件立案件数、计划生育率、广播电视综合人口覆盖率五个指标。这些指标从受教育程度、生育观念、社会治安、精神生活等角度来体现乡风文明的程度。

村容整洁方面选取了森林覆盖率、通公路的行政村比重、卫生厕所比重、清洁能源使用比重、垃圾集中处理率五个指标。这几个指标从自然环境、交通情况、生活卫生环境等几个角度来评价村容整洁。

管理民主方面选取了重大决策村民参与率、村民对村务公开满意度、村民自治制度完善率三个指标。管理民主方面一般从定性的角度进行评价，定量评价有一定的难度，主要从村民主观的满意程度和村民自治的程度进行评价。

2. 指标释义

(1)生产发展

人均 GDP 即人均国内生产总值，常作为经济学中衡量经济发展状况的指标，是重要的宏观经济指标之一。它是人们了解和把握一个国家和地区的宏观经济运行状况的有效工具，因此把它选入指标体系，同时也是指标体系中比较重要的指标之一。计算公式为：人均国内生产总值＝GDP 总额/总人口。生产总值是指一个国家(或地区)所有常住单位在一定时期内生产活动的最终成果。生产总值有三种表现形态，即价值形态、收入形态和产品形态。

耕地有效灌溉率。该指标是指一个地区的有效灌溉面积占耕地面积的比率。农田水利设施是生产发展的必要条件，近几年贵州以及其他省份所面临的旱情非常严峻，水利灌溉问题凸显，而且 2011 年中央一号文件锁定了水利的改革与发展，今后 10 年的水利投入将翻番，这充分说明中央把水利工作提升到了一个非常重要的高度，要保证生产的发展就必须先保证农田水利设施的维护与建设。

农业劳动生产率。根据当年农林牧渔业生产总值与农林牧渔业从业人员的比值计算的劳动生产率是反映目前一个国家或地区第一产业的生产水平，该指标是衡量农业现代化的基本指标之一，建设社会主义新农村，农业必须实现现代化，农业劳动生产率应作为评价指标体系的指标之一。

单位面积拥有的农用机械总动力。该指标是一个地区当年的农用机械总动力与该地区耕地面积的比值。农业机械总动力是指主要用于农、林、牧、渔业的各种动力机械的动力总和。要实现农业现代化，必须走农业机械化的发展道路，该指标能反映出农业机械化的水平，因此把它选入指标体系。

人均粮食产量。该指标是一个地区当年的粮食产量与该地区总人口之比，是从生产规模的角度来反映生产发展的情况。从杂交水稻开始，中国基本解决了温饱问题，但随着人口的增长，城镇化建设对耕地的占用，粮食安全问题成为了党中央国务院非常重视的问题，建设社会主义新农村，绝不能忽视粮食生产问题。

农村非农产业劳动力比重。该指标是从事非农产业的乡村劳动力占整个乡村劳动力的比重，它是反映农村经济结构的重要指标，反映了农村剩余劳动力的转移。长期的二元经济社会结构，使我国的就业结构的转换落后于产值结构，是造成日益严重的“三农”问题的原因之一。建设新农村，就必须优化农村经济结构，促进农村剩余劳动力的转移，因此把该指标选入指标体系。

(2)生活宽裕

农村恩格尔系数。恩格尔系数是指食品支出总额占个人消费支出总额的比重，是19世纪德国统计学家恩格尔根据统计资料，对消费结构的变化得出的一个规律。一个家庭收入越少，家庭收入中用来购买食物的支出所占的比例就越大，随着家庭收入的增加，家庭收入中用来购买食物的支出比例则会下降，推广到一个国家或地区，随着富裕程度的增加，这个比例呈下降趋势。它能较好地衡量生活水平的富裕程度，因此把它选入指标体系。

农民人均纯收入。纯收入是指农村居民当年从各个来源渠道得到的总收入，相应地扣除获得收入所发生的费用后的收入总和，农民人均纯收入指的是按农村人口平均后的农民纯收入，反映的是一个国家或地区农村居民收入的平均水平。该指标是经国家统计局批准，农业部编制的农村经济收益分配统计报表中的“农民人均所得”，因此将该指标选入指标体系。

每千农业人口乡村医生和卫生人员数。该指标反映了农村居民卫生资源的拥有程度，反映的是新农村建设中卫生事业的发展情况，侧面体现了农村居民生活的健康保证。新农村建设，是全面、系统地建设社会主义新农村，农民生活水平要提升，身体健康要有保障，要防止农村人口因病致贫、因病返贫情况的发生，因而也要大力推动新型农村合作医疗的发展，鼓励农民积极参与。

农村人均住房面积。人的生活离不开衣、食、住、行，改善农民的住房条件是新农村建设的重点，该指标从住房条件的角度来评价农村居民的生活情况，这里

所指的住房面积，主要是指钢砖木结构住房。

安全饮用水比重。该指标是指一个地区范围内当年饮用安全卫生水的农户数占整个乡村户数的比重，它从农民生活用水安全性的角度来评价农村居民的生活情况。

农村百户家庭主要耐用消费品拥有水平。这是一个复合型指标，不同地区农村居民家庭拥有的水平不同，本章根据湄潭相关的统计资料，选取的耐用消费品为5类，分别是摩托车、电视机、洗衣机、电冰箱、移动电话。由于不同类型的消费品价值不一样，在计算过程中应考虑换算，根据产品的价值和实用性把5类产品的权重设为：摩托车0.36；电视机0.15；洗衣机0.14；电冰箱0.25；移动电话0.10。计算方法为：农村百户家庭主要耐用消费品拥有水平＝摩托车拥有水平×0.36＋电视机拥有水平×0.15＋洗衣机拥有水平×0.14＋电冰箱拥有水平×0.25＋移动电话拥有水平×0.10。

农村基本养老保险参保率。社会保障是一项社会稳定机制，是保证全体社会成员基本生存需要的手段，是促进经济、社会持续协调发展的有效工具，农村老年人口养老问题非常重要，是建设社会主义新农村绝不能忽视的一个方面，该指标反映农村社会保障事业的情况，应该作为评价指标之一。

(3)乡风文明

农村人均受教育年限。该指标是体现农村人口受教育水平的指标。该指标从教育程度来体现农村人口素质，人口素质高，乡风文明的程度相应就会高。要建设新农村，实现全面小康，就必须提高农民的文化素质，科技兴农，发展教育，因此该指标是反映乡风文明的重要指标之一。

文教娱乐支出比重。文教娱乐支出是指居民用于教育、文化、娱乐、体育和精神消费等诸多方面的服务支出，文教娱乐支出比重是指文教娱乐支出占总消费的比重。随着温饱问题的基本解决和物质生活水平的不断提高，农村居民对精神生活的需求会越来越高，该指标可以反映农民精神文明的发展状况。

万人刑事案件立案件数。该指标同时也是农村小康生活水平基本标准中的一个指标，它从社会治安的角度来反映乡风文明程度，是一个地区当年刑事案件立案件数与该地区人口数之比，该指标水平越低，乡风文明程度相对就越高，这是一个负向指标。

计划生育率。计划生育率是指某地区某时期内符合计划生育要求出生的所有活产婴儿数与该地区同时期内出生的活产婴儿总数之比，是反映该地区某时期内计划生育工作成效的重要指标。该指标能综合地反映国家关于婚龄、生育子女数和生育间隔等政策要求的执行程度，比出生率、人口自然增长率更能准确地反映计划生育工作的质量。计划生育率是实行计划生育政策的社会主义国家所特有的统计指标，它反映了社会主义制度下全社会范围内实行生育计划化的程度。人口问题是社会主义新农村建设的一大制约因素，同时也是一大难点，人口计生工作应该作为新农村建设的一个重点工作来抓，该指标能反映农民生育观念的转变，是从生育观念的角度来体现乡风文明程度的，因此将该指标选入指标体系。

广播电视综合人口覆盖率。该指标是本章根据实际情况设立的一个综合指标，是从广播、电视的人口覆盖情况来反映乡风文明的程度，是一个地区当年的广播人口覆盖率和电视人口覆盖率的算术平均值，即：广播电视综合人口覆盖率$=\frac{\text{广播人口覆盖率}+\text{电视人口覆盖率}}{2}$，覆盖率高能够从一定程度上说明居民的精神生活要相对丰富。

(4)村容整洁

森林覆盖率。这是指一个国家或地区森林面积占土地面积的百分比。在计算森林覆盖率时，森林面积包括郁闭度0.2以上的乔木林地面积和竹林地面积，国家特别规定的灌木林地面积、农田林网以及四旁(村旁、路旁、水旁、宅旁)林木的覆盖面积。森林覆盖率是反映森林资源的丰富程度和生态平衡状况的重要指标，在评价指标体系里，它从自然环境的角度来评价村容整洁的情况，计算公式为：$\text{森林覆盖率}(\%)=\frac{\text{森林面积}}{\text{土地面积}}\times 100\%$。

通公路的行政村比重。公路是经济发展的一个重要驱动力，在一定意义上，公路发展状况体现出一个国家或地区的发展水平，农村公路建设是推进社会主义新农村建设的重要基础，该指标从交通状况的角度来评价新农村建设，是很好的一个评价指标。

清洁能源使用比重。该指标是指一个地区当年使用清洁能源的农户数占整个乡村户数的比重。良好的村容环境，必须要使用清洁的能源，湄潭在社会主义新农村建设过程中，下大力气修建沼气池，优化人居环境，改善农村居民生活水平，清洁能源使用比重是反映村容环境的一个很好的指标。

卫生厕所比重。该指标是指使用卫生厕所的户数占总户数的比重。卫生厕所是指与猪圈分离的，或可以及时清理的厕所，改善厕所环境，提高卫生厕所的比重是新农村建设的重点，该指标也能够很好地反映村容整洁的程度。

垃圾集中处理率。该指标是指一个地区当年建有垃圾池，集中处理生活垃圾的村数占该地区所有村数的比重。生活垃圾的集中处理，能有效地改善村容村貌，是治理农村“脏、乱、差”的必要手段，因此把该指标选入评价指标体系。

(5)管理民主

重大决策村民参与率。农民是社会主义新农村建设的主体，村中大事应该

通过村民集体大会解决，实行“一事一议”制度，重大决策村民参与率越高，说明村民参与自主管理的意识和积极性就越高，管理就越趋于民主化，重大决策村民参与率是评价村民自治、民主管理的很好的指标。

村民对村务公开满意度。村务公开使乡村干部和村中的管理事务能得到群众的有效监督，保证广大农民群众的选举权、知情权和监督权能够得到依法行使，但该指标是一个主观评价的指标，在指标的量化上有一定的难度，主要是通过问卷调查的形式来获取数据。

村民自治制度完善率。村民自治制度是有中国特色的基层民主制度，其发展和完善的程度是衡量我国基层民主建设的重要标志。村民自治制度完善率，即建立村民会议或村民代表会议制度的比例，完善村民自治制度是建设社会主义新农村的重要内容。

3. 目标值的确定

新农村建设是一个动态发展的过程，到底新农村建设要建设到一个什么标准，要达到一个怎么样的水平，从定量角度来回答有较大的困难，而且各地发展的情况不尽相同，确定一个共同的标准值就更加困难，但是根据贵州省相关的城乡统筹及新农村战略发展要求，根据湄潭县经济社会发展的自身规划，根据全面建设小康社会的标准，从建设社会主义新农村的定性目标出发，确定某一阶段的定量目标值，对该阶段的社会主义新农村建设进程进行评价，这是非常有意义的。本章主要参考农村小康社会的有关标准、基本现代化的有关标准、《贵州省社会主义新农村建设总体规划编制大纲》、《湄潭县国民经济和社会发展第十二个五年规划纲要》、湄潭县各行政管理部门“十二五”时期的规划以及其他一些文献，利用趋势外推法和回归分析法，确定湄潭新农村建设评价指标体系的目标值。

人均 GDP。根据《湄潭县国民经济和社会发展第十二个五年规划纲要》，湄潭县在优化结构、提高质量、降低消耗、保护环境的基础上，努力实现经济又好又快发展，到 2015 年，全县生产总值突破 100 亿元，年均增速 26.5%，力争翻两番，达到 120 亿元，年均增速 31.2%，人均生产总值确保突破 4000 美元，按当前的汇率换算，4000 美元约为 25500 元人民币，随着人民币的升值，本章将人均 GDP 的目标值设为 25000 元人民币。

耕地有效灌溉率。根据中国农业科学院《中国农业现代化发展水平的定量综合评价》农业现代化发展阶段有效灌溉率标准：农业现代化发展阶段为 50%～75%。2008 年湄潭县耕地有效灌溉率为 45.77%，农田水利设施是生产发展的必要条件，随着政府每年加大对水利基础设施建设的财政投入，应该使有效灌溉面积占耕地面积的比重达到 70%以上，因此把耕地有效灌溉率的标准值设为 70%。

农业劳动生产率。农业劳动生产率很好地反映了第一产业的生产水平，美国芝加哥大学教授、美国经济学会会长盖尔·约翰逊先生曾根据各国的经验认为“要使中国农村人口分享经济增长的好处，那么在未来的30年里，农业就业人口至少要降低60%以上，而农业劳动生产率则要相应地上升500%以上”。2006年湄潭农业劳动生产率为3026元/人，按照这个方法推算2015年湄潭农业劳动生产率至少应该达到5040元。利用SPSS 16.0软件对湄潭县2002年至2009年的农业劳动生产率数据做线性回归分析，模型的拟合优度为0.916，回归方程和回归系数均通过显著性检验，2015年的预测值为5089元。因此将该指标的目标值设为5000元/人。

单位面积拥有的农用机械总动力。利用SPSS 16.0软件绘制了从2002年到2009年湄潭单位面积拥有的农用机械总动力的散点图，发现8年的数据变化基本呈线性增长趋势，考虑用一条直线拟合，进行线性趋势外推分析。利用软件进行分析的结果为：模型的拟合优度0.933，比较理想，同时回归方程的显著性检验和回归系数的显著性检验均通过检验，模型可用。利用软件算出2015年的预测值为11.29千瓦/公顷，因此可将该指标的目标值设为11千瓦/公顷。

人均粮食产量。贵州山多田地少，人均粮食产量并不高，而且该指标并不是一个能无限增长的指标，受耕地面积、品种等因素的影响，该指标增长到一定程度会达到饱和，因此该项指标的标准值不能设得太高，但是又必须体现出生产发展的要求，根据湄潭县2002年到2009年粮食产量的情况分析，把该指标的目标值设为700千克/人。

农村非农产业劳动力比重。产业结构的非农化是实现现代化的一个重要标志，英克尔斯的现代社会指标中提出非农产业劳动力占总劳动力70%以上，虽然考虑到英克尔斯的指标值与现在的情况有一定的差距，按道理应该适当把标准值放大，但是湄潭县地处不发达地区，标准值不能设得太高，因此本章还是把农村非农产业劳动力比重的目标值设为70%比较适宜。

农村恩格尔系数。恩格尔系数是反映富裕程度的指标，根据联合国粮农组织提出的标准，恩格尔系数在59%以上为贫困型发展阶段，50%～59%为温饱型发展阶段，40%～50%为小康型发展阶段，30%～40%为富裕型发展阶段，低于30%为最富裕阶段。建设社会主义新农村，要求农村居民的生活过得宽裕，应将指标的目标值设在小康型发展阶段与富裕型之间，该指标的目标值设为40%。

农民人均纯收入。《湄潭县国民经济和社会发展第十二个五年规划纲要》中指出，到2015年，农民人均纯收入要达到9051元，努力实现城乡居民收入增长和经济发展同步、劳动报酬增长和劳动生产率提高同步，城镇低收入者收入明显

增加，消除农村贫困人口，城乡居住条件不断改善，本章将该指标的目标值设为9100元。

每千农业人口乡村医生和卫生员数。2008年贵州省每千农业人口乡村医生和卫生员数为0.78人，湄潭县“十一五”末该指标的人数为0.9人，这都是比较低的卫生资源拥有量，建设新农村必须推动农村医疗卫生事业的发展，该指标目标值设为2.5人。

农村人均住房面积。在小康生活水平基本标准中，农村人均钢砖木结构住房面积的小康值为15平方米，2009年湄潭县人均居住面积已经达到28.6平方米，从实际的角度不能以15平方米作为标准。湄潭县着力打造的“黔北民居”，要求双层楼房单户地面建筑面积要达到100平方米以上，联户地面建筑面积要达到80平方米以上，单层楼房建筑面积要达到120平方米以上，按照这个标准折中，以每户住房面积150平方米，每户4口人计算，人均住房面积为37.5平方米，因此将该指标的目标值设为37.5平方米。

安全饮用水比重。农村小康生活水平基本标准要求安全饮用水比重要达到90%以上，湄潭县2009年安全饮用水比重已经达到97%，随着政府进一步推进“改水”工作，让农村居民都用上安全饮用水是符合实际的，将该指标的目标值设为100%。

农村百户家庭主要耐用消费品拥有水平。社会主义新农村是农民生活宽裕的新农村，百户家庭拥有50台摩托车、100台电视机、100台洗衣机、60台电冰箱、100部移动电话是很合理的，根据公式计算出的相应的拥有水平为72%，可将该指标的目标值设为75%。

农村基本养老保险参保率。“十一五”期间，湄潭县作为国家第二批新型农村社会养老保险试点县，通过县、乡、村各级各部门的全力投入，参保人数达185000人，综合参保率达84.5%，效果明显。要实现农村居民老有所养，把该指标目标值设为95%。

农村人均受教育年限。只有人口素质提高了，社会才能更加文明，《贵州省社会主义新农村建设总体规划编制大纲》对人员素质提出了阶段性的参考目标，即普及九年制义务教育，劳动力农业适用技术和就业技能培训率达到90%以上，因此应将该指标的目标值设为100%。

文教娱乐支出比重。按照农村小康生活水平基本标准，文化服务支出比重应达到10%以上，为了更好地体现出乡风文明的目标，根据湄潭的实际情况把该指标的目标值适当提高，将该指标的目标值设为12%。

万人刑事案件立案件数。万人刑事案件立案件数是衡量社会治安的指标，该指标的值越小说明社会治安的情况就越好，农村小康生活水平基本标准为小于20件，由于该指标的标准较易统一，可以把该指标的目标值设为20件。

计划生育率。在评价指标体系中，计划生育率是用来反映农村居民生育观念的，该指标数据越高，能从一定程度上体现出生育观念越进步。《贵州省社会主义新农村建设总体规划编制大纲》中指出，建设社会主义新农村，要把计划生育率提高到95%以上，而湄潭县2006年计划生育率已达96.1%，所以考虑把该指标的目标值稍微提高，定为98%。

广播电视综合人口覆盖率。该指标是本章特设的一个复合指标，取的是广播人口覆盖率和电视人口覆盖率的算术均值，《湄潭县国民经济与社会发展第十二个五年规划纲要》中把广播人口覆盖率的目标定为98%，电视人口覆盖率的目标定为99%，两个目标值算术平均后为98.5%，将该指标的目标值设为98.5%。

森林覆盖率。《湄潭县国民经济与社会发展第十二个五年规划纲要》中要求，力争在2015年，全县的森林覆盖率达到58%，将该指标的目标值设为58%。

通公路行政村比重。小康生活水平基本标准中，农村通公路的行政村比重为85%，而湄潭新农村建设的目标是实现村村通公路，应将该指标的目标值设为100%。

清洁能源使用比重、卫生厕所比重、垃圾集中处理率。湄潭县没有对这三个指标设定相关的标准，但是湄潭县全面推进村庄整治，配套完善农村基础设施和公用设施，通过改畜圈、改厕所、建沼气池、装节能灶来治理“五乱”，不断地优化人居环境，提高生活质量。通过参考对比其他各地的评价指标体系的标准值，从实际出发，将清洁能源使用比重的标准值设为85%，垃圾集中处理率设为80%，卫生厕所比重设为80%。

重大决策村民参与率、村民对村务公开满意度、村民自治制度完善率。《贵州省社会主义新农村建设总体规划编制大纲》提出了民主政治建设的目标，重大决策村民参与率要达到95%以上，村民对村务公开的满意度和村民自治制度的完善率要达到90%以上，因此本章将三个指标的目标值依次设为：95%、90%和90%。

4. 指标权重的确定

权重是个相对的概念，是针对某一个指标而言的，是某一个指标在整个评价指标体系中的重要程度。事实上，由于有些指标是替代指标，或者说有些指标在反映总目标实现程度的效果上比较差，而有些指标的作用和效果又比较好，这就使得必须在整体评价中给各个指标赋予权重，分出主次轻重，对各评价因子在总体评价中的作用进行区别对待。

指标权重的赋值是否合理很大程度上会影响到整体评价的科学性和准确

性，因此应选择科学合理的方法来确定指标的权重。确定权重的方法很多，但是目前在实践中主要常用的方法有主观赋值法与客观赋值法两大类。主观赋值法大多是由评估者对各指标的主观重视程度进行赋权，然后对标准化后的数据进行综合，如综合指数法、德尔菲法、环比法、模糊综合评判法、层次分析法等。客观赋值法是根据指标自身的作用和影响确定权重，主要有主成分分析法、变异系数分析法、因子分析法、熵值法、聚类分析法、判别分析法等。

主观赋值法和客观赋值法各有优缺点。主观赋值法的优点是通过对若干专家的调查咨询，然后再综合各个专家的意见，最终形成比较统一的看法，这样能够综合考察各方面的实际因素，给出较全面的权重系数，但是也存在着一定的局限性：从专家的认定和聘请，到各位专家所打出的指标权重分值，很大程度上受到人的主观臆断；还有比如花费时间比较长，成本比较高等。相比较而言，客观赋值法虽然能有效地避免调查组织者和专家的主观性，比较节省成本和时间，但是，不管是主成分分析法还是变异系数分析法，各指标所赋权重的大小仅仅是依据以前历年数据变动的离散程度，而没有综合考察各个指标的实际影响程度，对具体的经济意义重视不够，容易导致确定的权重与指标实际的重要程度相矛盾。不管是主观赋值法还是客观赋值法，都有难以避免的问题。由于社会主义新农村建设是一个结构复杂的系统工程，它的综合评价属于多目标决策问题，评价指标相对较多，为了避免权重确定的片面性，本章主要是采用层次分析法来确定评价指标体系中各指标的权重。

层次分析法(Analytic Hierarchy Process，简称 AHP 法)是美国著名运筹学家、匹兹堡大学教授萨蒂(T. L. Saaty)于 20 世纪 70 年代提出的，是一种以定性与定量分析相结合的多目标决策分析方法。基本思想是把复杂问题分解为若干层次，在最低层次通过两两对比得出各因素相对于上一层准则的权重，通过由低到高的逐层分析计算，最后计算出各指标对总目标的权数。通过赋权，可以清楚地比较出各指标的得分次序和重要程度，其基本步骤如下：

第一，建立指标体系的层次递阶结构。运用层次分析法进行分析，要先把目标系统进行分层，每层的目标或准则下面有若干因素进行支撑，从总目标开始，下面由实现总目标的准则层构成，准则层下面为按照准则层的要求，应该达到哪些指标标准的指标层构成。在本章中，由三层结构构成，总目标层为绿色富民湄潭建设(A)，准则层(B)为：生产发展(B_1)；生活宽裕(B_2)；乡风文明(B_3)；村容整洁(B_4)；管理民主(B_5)。最后是指标层(C)。

第二，构造判断矩阵。判断矩阵是层次递阶结构每个层次下面的因素的两两比较，是这些因素相对于它们上层标准的重要程度的两两比较结果，根据层次低阶结构，建立每个层次的比较判断矩阵。比如本章中的建设社会主义新农村

的总目标 A，与下层的准则层集 B 有联系，则构建的两两判断矩阵为 $P(A-B)$。

$$P(A-B)=\begin{bmatrix} b_{11} & b_{12} & \cdots & b_{15} \\ b_{21} & b_{22} & \cdots & b_{25} \\ \vdots & \vdots & \ddots & \vdots \\ b_{51} & b_{52} & \cdots & b_{55} \end{bmatrix}$$

矩阵中 b_{ij} 表示的含义是，对应的因素 B_i 与 B_j 相比，相对于上一层总目标 A 的重要性程度，如在本章中，b_{12} 表示要实现绿色富民湄潭建设的总目标 A，生产发展 B_1 比生活宽裕 B_2 的重要性程度。判断矩阵的标度法有十多种，本章采用"1－9 标度"法（表 3-1），根据专家的判断结果来确定判断矩阵的值。

表 3-1　判断矩阵 1—9 标度及其含义

标度	含　义
1	表示两个指标相比，具有同样重要性
3	表示两个指标相比，前者比后者稍重要
5	表示两个指标相比，前者比后者明显重要
7	表示两个指标相比，前者比后者强烈重要
9	表示两个指标相比，前者比后者极端重要
2,4,6,8	表示上述相邻判断的中间值
倒数	若元素 i 与元素 j 的重要性之比为 a_{ij}，那么元素 j 与元素 i 的重要性之比为 $a_{ji}=1/a_{ij}$

第三，计算各层次的因素相对于上一层目标或准则的权重，并做一致性检验。即根据所构造的每一个判断矩阵进行计算，计算方法有很多种，比如幂法、方根法、内积法，在这里不一一详述。在使用 AHP 法计算指标的权重系数时，需要保持判断的一致性，不能出现前后矛盾的情况。如对指标 E、F、G 进行两两比较时，出现 E 比 F 重要、F 比 G 稍微重要、G 又比 E 明显重要的判断就是矛盾的，这类矛盾在多阶段条件下极易发生。判断矩阵的一致性检验是通过计算一致性比率 CR(Consistent Rate)来判断的，当 $CR<0.10$ 时，一般认为判断矩阵具有满意的一致性，否则就要调整矩阵中的判断值，直到通过一致性检验。

第四，计算最底层各指标相对于总目标的权重，同时做总体的一致性检验。在完成第三步，计算出每一层次中的因素相对于上一层的权重后，就可以计算最底层的指标相对于总目标的权重了。各指标相对于总目标的权重的计算方法按本章举例，如生产发展 B_1 相对于总目标 A 的权重为 W_{A-B_1}，指标耕地有效灌溉率 C_2 相对于准则 B_1 的权重为 $W_{B_1-C_2}$，那么指标 C_2 相对于总目标 A 的权重 W_{A-C_2} 为 $W_{B_1-C_2}$ 与 W_{A-B_1} 的积，其他指标相对于总目标的权重照此法计算。总

体的一致性检验也是通过计算总体的一致性比率 CR 来判断的，也即只有当 CR<0.10 时，才认为有满意的一致性。

根据上述步骤，利用相关软件进行分析计算后，得出绿色富民湄潭建设评价指标体系各指标的权重，如表 3-2 所示。

表 3-2　绿色富民湄潭建设评价指标体系指标权重

目标层 A	准则层 B（对总目标权重）	指标层 C	C 层对 B 层权重	指标对总目标权重
绿色富民湄潭建设	生产发展 B_1（0.3659）	人均 GDP C_1	0.2847	0.1042
		耕地有效灌溉率 C_2	0.1086	0.0398
		农业劳动生产率 C_3	0.2987	0.1093
		单位面积拥有的农用机械总动力 C_4	0.0822	0.0301
		人均粮食产量 C_5	0.0581	0.0213
		农村非农产业劳动力比重 C_6	0.1676	0.0613
	生活宽裕 B_2（0.2359）	农村恩格尔系数 C_7	0.2316	0.0546
		农民人均纯收入 C_8	0.2823	0.0666
		每千农业人口乡村医生和卫生人员数 C_9	0.0741	0.0175
		农村人均住房面积 C_{10}	0.1507	0.0355
		安全饮用水比重 C_{11}	0.1101	0.0260
		农村百户家庭主要耐用消费品拥有水平 C_{12}	0.0903	0.0213
		农村基本养老保险参保率 C_{13}	0.0608	0.0143
	乡风文明 B_3（0.1249）	农村人均受教育年限 C_{14}	0.3736	0.0467
		文教娱乐支出比重 C_{15}	0.0968	0.0121
		万人刑事案件立案件数 C_{16}	0.0756	0.0094
		计划生育率 C_{17}	0.2958	0.0369
		广播电视综合人口覆盖率 C_{18}	0.1582	0.0198
	村容整洁 B_4（0.0946）	森林覆盖率 C_{19}	0.2571	0.0243
		通公路行政村比重 C_{20}	0.3393	0.0321
		清洁能源使用比重 C_{21}	0.1362	0.0129
		卫生厕所比重 C_{22}	0.1797	0.0170
		垃圾集中处理率 C_{23}	0.0877	0.0083
	管理民主 B_5（0.1787）	重大决策村民参与率 C_{24}	0.4000	0.0715
		村民对村务公开满意度 C_{25}	0.4000	0.0715
		村民自治制度完善率 C_{26}	0.2000	0.0357

综上所述，最终构建绿色富民湄潭建设评价指标体系，如表 3-3 所示。

表 3-3　绿色富民湄潭建设评价指标体系

目标层 A	准则层 B	指标层 C	目标值(单位)	指标性质	权重
绿色富民湄潭建设	生产发展 B_1	人均 GDP C_1	25000(元/人)	正向	0.1042
		耕地有效灌溉率 C_2	70(%)	正向	0.0398
		农业劳动生产率 C_3	5000(元/人)	正向	0.1093
		单位面积拥有的农用机械总动力 C_4	11(千瓦/公顷)	正向	0.0301
		人均粮食产量 C_5	700(千克/人)	正向	0.0213
		农村非农产业劳动力比重 C_6	70(%)	正向	0.0613
	生活宽裕 B_2	农村恩格尔系数 C_7	40(%)	负向	0.0546
		农民人均纯收入 C_8	9100(元/人)	正向	0.0666
		每千农业人口乡村医生和卫生人员数 C_9	2.5(人)	正向	0.0175
		农村人均住房面积 C_{10}	37.5(平方米/人)	正向	0.0355
		安全饮用水比重 C_{11}	100(%)	正向	0.0260
		农村百户家庭主要耐用消费品拥有水平 C_{12}	75(%)	正向	0.0213
		农村基本养老保险参保率 C_{13}	95(%)	正向	0.0143
	乡风文明 B_3	农村人均受教育年限 C_{14}	9(年/人)	正向	0.0467
		文教娱乐支出比重 C_{15}	12(%)	正向	0.0121
		万人刑事案件立案件数 C_{16}	20(件/万人)	负向	0.0094
		计划生育率 C_{17}	98(%)	正向	0.0369
		广播电视综合人口覆盖率 C_{18}	98.5(%)	正向	0.0198
	村容整洁 B_4	森林覆盖率 C_{19}	58(%)	正向	0.0243
		通公路行政村比重 C_{20}	100(%)	正向	0.0321
		清洁能源使用比重 C_{21}	85(%)	正向	0.0129
		卫生厕所比重 C_{22}	80(%)	正向	0.0170
		垃圾集中处理率 C_{23}	80(%)	正向	0.0083
	管理民主 B_5	重大决策村民参与率 C_{24}	95(%)	正向	0.0715
		村民对村务公开满意度 C_{25}	90(%)	正向	0.0715
		村民自治制度完善率 C_{26}	90(%)	正向	0.0357

二、绿色富民湄潭建设评价

(一)数据来源

绿色富民湄潭建设评价数据主要来源于《贵州统计年鉴》(2002—2010)、《遵义统计年鉴》(2002—2010),《湄潭县国民经济统计资料》(2003—2005)、《湄潭统计资料汇编》(2006—2010)、《湄潭县国民经济和社会发展统计公报》(2003—2010)、湄潭县政府部门提供的数据,部分指标数据来源于调查数据,如管理民主的相关指标数据是通过问卷调查得到的,获取连续性数据的可行性不大,只调查了2006年、2008年、2010年的情况。原始数据详见表3-4。

表3-4 绿色富民湄潭建设评价指标原始数据

指标	目标值	单位	2005年	2006年	2007年	2008年	2009年	2010年
C_1	25000	元/人	3045	3267	3863	4919	5911	7883
C_2	70	%	42.31	43.6	43.6	45.77	41.2	44.53
C_3	5000	元/人	3346	3465	3456	3590	3801	5267
C_4	11	千瓦/公顷	3.87	5.25	6.16	6.84	7.45	7.96
C_5	700	千克/人	604	538	621	619	630	545
C_6	70	%	37.68	36.31	40.51	43.67	42.42	44.57
C_7	40	%	41.2	41.2	48.2	48.1	46.2	38.6
C_8	9100	元/人	2604	2753	3158	3638	4048	4758
C_9	2.5	人	0.79	0.85	0.88	0.91	0.94	0.98
C_{10}	37.5	平方米/人	24.37	26.5	26.8	27.9	31	33
C_{11}	100	%	—	97.04	98.27	90.21	97.06	98
C_{12}	75	%	32.45	35.05	41.16	54.18	65.07	70
C_{13}	95	%	—	45.3	62.5	70.3	84.5	91
C_{14}	9	年/人	7.8	8.7	8.8	8.92	8.98	8.97
C_{15}	12	%	14.15	11.02	8.99	3.63	3.45	3.1
C_{16}	20	件/万人	5	5	16	14	21	25

续表

指标	目标值	单位	2005 年	2006 年	2007 年	2008 年	2009 年	2010 年
C_{17}	98	%	—	96.1	96.5	96.8	97	97.4
C_{18}	98.5	%	89.88	90.95	91.6	92.4	92.6	93
C_{19}	58	%	49.3	51.6	52.15	56.7	56.7	56.8
C_{20}	100	%	—	95	98	99	100	100
C_{21}	85	%	61.2	69.67	74.1	79.56	82.94	83.2
C_{22}	80	%	15.2	30.5	53.5	58.6	68.7	71.1
C_{23}	80	%	—	15.3	30.6	40.8	47.5	53.4
C_{24}	95	%	—	80	—	85	—	90
C_{25}	90	%	—	80	—	85	—	90
C_{26}	90	%	—	75	—	85	—	90

"—"表示缺少该指标数据。

(二)数据的标准化处理

不同指标原始数据的单位是不同的,使用各指标的原始数据进行比较明显是不符合逻辑的,它们之间的比较也是没有意义的,所以要对指标的原始数据进行无量纲化处理,使指标数据标准化后才能作比较。无量纲化处理的方法有很多种,比如综合指数法、比重法、均值化、初值化等。本章所使用的方法为"指数变换法"。指数变换法是应用比较广泛的无量纲化处理方法,是用观测数据与目标数据进行对比,即用各指标的原始值和目标值对比。本章使用这种方法进行处理,一方面达到了指标数据的无量纲化,另一方面可以观测到各指标相对于目标值的实现程度。具体方法为:

当指标为正指标(对评价目标起正向作用的指标)时,即

$$X_i=\begin{cases}O_i/E_i & (\text{当 } O_i<E_i \text{ 时})\\ 1 & (\text{当 } O_i\geqslant E_i \text{ 时})\end{cases}$$

当指标为负指标(对评价目标起负向作用的指标)时,即

$$X_i=\begin{cases}E_i/O_i & (\text{当 } O_i>E_i \text{ 时})\\ 1 & (\text{当 } O_i\leqslant E_i \text{ 时})\end{cases}$$

其中,X_i 为第 i 个指标无量纲处理后的标准化值,即第 i 个指标的实现程度;O_i 为第 i 个指标的原始值;E_i 为第 i 个指标的目标值。当标准化数值大于 1 的时

候，标准化数值取1，即该指标实现了所设定的目标，这样不会使个别指标超常而影响到综合值的计算。通过计算后，得到各指标的标准化数值，即各指标的实现程度（表3-5）。

表3-5 绿色富民湄潭建设评价指标标准化数据

指标	目标值	单位	2005年	2006年	2007年	2008年	2009年	2010年
C_1	25000	元/人	0.1218	0.1307	0.1545	0.1968	0.2364	0.3153
C_2	70	%	0.6044	0.6229	0.6229	0.6539	0.5886	0.6361
C_3	5000	元/人	0.6692	0.6930	0.6912	0.7180	0.7602	1.0000
C_4	11	千瓦/公顷	0.3518	0.4773	0.5600	0.6218	0.6773	0.7236
C_5	700	千克/人	0.8629	0.7686	0.8871	0.8843	0.9000	0.7786
C_6	70	%	0.5383	0.5187	0.5787	0.6239	0.6060	0.6367
C_7	40	%	0.9709	0.9709	0.8299	0.8316	0.8658	1.0000
C_8	9100	元/人	0.2862	0.3025	0.3470	0.3998	0.4448	0.5229
C_9	2.5	人	0.3360	0.3400	0.3520	0.3640	0.3760	0.3920
C_{10}	37.5	平方米/人	0.6499	0.7067	0.7147	0.7440	0.8267	0.8800
C_{11}	100	%	—	0.9704	0.9827	0.9021	0.9706	0.9800
C_{12}	75	%	0.4327	0.4673	0.5488	0.7224	0.8676	0.9333
C_{13}	95	%	—	0.4768	0.6579	0.7400	0.8895	0.9579
C_{14}	9	年/人	0.8667	0.9667	0.9778	0.9911	0.9978	0.9967
C_{15}	12	%	1.0000	0.9183	0.7492	0.3025	0.2875	0.2583
C_{16}	20	件/万人	1.0000	1.0000	1.0000	1.0000	0.9524	0.8000
C_{17}	98	%	—	0.9806	0.9847	0.9878	0.9898	0.9939
C_{18}	98.5	%	0.9125	0.9234	0.9299	0.9381	0.9401	0.9442
C_{19}	58	%	0.8500	0.8897	0.8991	0.9776	0.9776	0.9793
C_{20}	100	%	—	0.9500	0.9800	0.9900	1.0000	1.0000
C_{21}	85	%	0.7200	0.8196	0.8718	0.9360	0.9758	0.9788
C_{22}	80	%	0.1900	0.3813	0.6688	0.7325	0.8588	0.8888
C_{23}	80	%	—	0.1913	0.3825	0.5100	0.5938	0.6675
C_{24}	95	%	—	0.8421	—	0.8947	—	0.9474
C_{25}	90	%	—	0.8889	—	0.9444	—	1.0000
C_{26}	90	%	—	0.8333	—	0.9444	—	1.0000

"—"表示缺少该指标数据。

(三)综合评价值的计算

根据构建的指标体系各指标的权重,以及各指标无量纲化后的数值,可以利用加权求和法计算绿色富民湄潭建设的综合评价值,建立的考核评价模型如下:

$$Y = \sum_{i=1}^{n} W_i X_i \ (i=1,2,\cdots,n)$$

其中,Y 为绿色富民湄潭建设的综合评价值,W_i 为第 i 个指标相对于总目标的指标权重,X_i 为第 i 个指标的标准化值,n 为指标体系中的指标个数。

(四)综合评价标准的制定

本章以湄潭县建设社会主义新农村第一个十年为阶段,根据相关资料设立了湄潭新农村建设第一个十年末所要达到的目标,以这些目标为标准来评价绿色富民湄潭建设进程。通过量化进程评价的结果,可以更为准确地把握湄潭县新农村建设发展进程,根据量化的评价结果,即根据综合评价值的大小,可以把湄潭县新农村建设第一个十年的进程划分为几个标准:综合评价值 70%～84.9%,为初步实现新农村建设标准;综合评价值 85%～99.9%,为基本实现新农村建设标准;综合评价值 100%,为实现新农村建设标准(表 3-6)。

表 3-6 绿色富民湄潭建设进程标准

综合评价值(%)	70～84.9	85～99.9	100
实现程度	初步实现	基本实现	实现

(五)综合评价结果与分析

1. 综合评价结果

利用前面各指标标准化后的数值,根据绿色富民湄潭建设考核评价模型,计算出各年份的综合评价值(表 3-7)。

表 3-7 绿色富民湄潭建设综合评价结果

年份	2006 年	2007 年	2008 年	2009 年	2010 年
生产发展	0.48	0.51	0.55	0.57	0.67
生活宽裕	0.62	0.62	0.65	0.72	0.79
乡风文明	0.96	0.95	0.92	0.91	0.90
村容整洁	0.75	0.84	0.89	0.93	0.94
管理民主	0.86	—	0.92	—	0.98
综合评价值	0.67	—	0.72	—	0.81

“—”表示缺少该指标数据。

2. 评价结果分析

本章的综合评价主要是围绕着“二十字方针”的要求来进行的，由于管理民主的指标数据是通过问卷调查的形式获得的，在问卷中只是要求调查对象大致地评价绿色富民湄潭建设开始、中间和目前管理民主的状况，只能获取到管理民主状况2006年、2008年、2010年三个截面的数据，所以只能计算出这三个年份的综合评价值。从表3-5的标准化数据发现，各项指标的实现程度基本上都在保持上升，其中有些指标到2010年的时候已经能够接近或者超过设定的目标值，实现程度达到了100％，这些指标分别是：农业劳动生产率、农村恩格尔系数、农村人均受教育年限、通公路行政村比重、对村务公开的满意程度，还有村民自治制度完善率。

根据表3-7数据绘制了图3-2关系曲线，这样能更直观地看出从2006年到2010年绿色富民湄潭建设的进程状况。

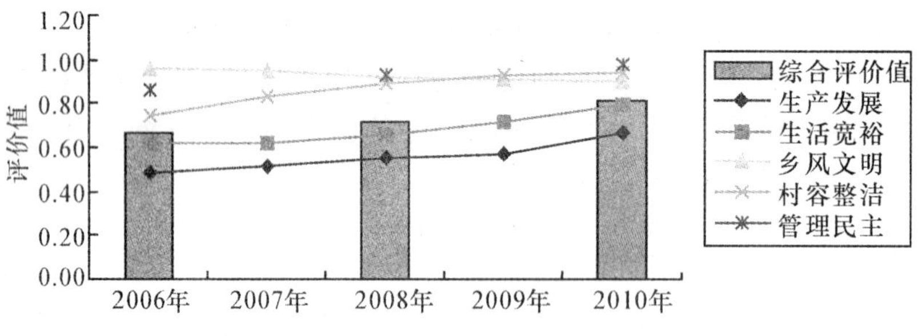

图3-2　2006—2010年绿色富民湄潭建设综合评价值

从图3-2可以看出，从2006年开展社会主义新农村建设以来，绿色富民湄潭建设总体进程呈进步趋势，总体综合评价值从起始年的0.67，增长到2008年的0.72，再到2010年的0.81，根据制定的综合评价标准，2010年湄潭县初步实现新农村建设标准。从图3-2中可以看出，在2006年到2010年的五个准则层中，生产发展的实现程度最低，一直处于最后一位，然后到生活宽裕，再到村容整洁，乡风文明和管理民主的实现程度则比较高。另外，还可以看出生产发展、生活宽裕、村容整洁、管理民主也都处于上升趋势，并且逐年增长，其中生产发展和村容整洁的进步幅度最大，从起始年到2010年进步了19％；生活宽裕进步了17％，实现了“富民”的目标，这是难能可贵的；管理民主进步了12％。而乡风文明虽然从图形上看，处于逐年下滑的趋势，但是下滑幅度不大，下滑6％，并且每年的乡风文明实现程度仍保持在较高的水平，都达到了90％以上，这种下滑趋势主要是由于个别指标的下滑所导致，后面具体分析。2010年管理民主的实现程度最高，达到了98％，生产发展的实现程度最低，为67％。

另外，根据表3-5和表3-7的数据，通过计算后绘制了图3-3，主要是绿色富民湄潭建设2006年、2008年、2010年的总体评价值与当年各指标实现程度的标准偏差的情况。

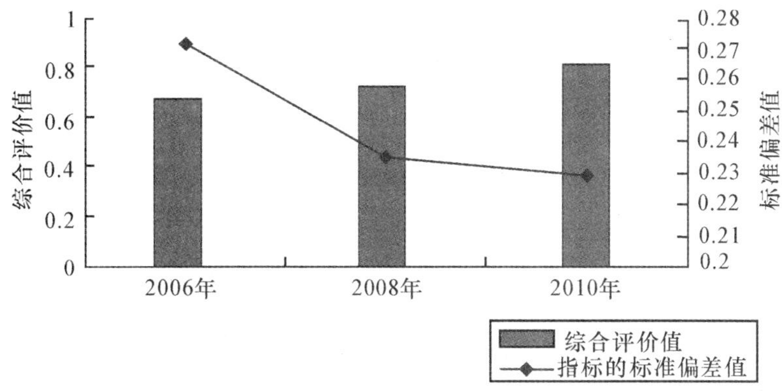

图3-3 湄潭绿色富民发展动态

从图3-3可以看出，绿色富民湄潭建设综合评价值不断在提升，而各指标当年实现程度的标准偏差值则在不断下降，这说明绿色富民湄潭建设进程在进步、水平在提高，并且各项指标正逐渐地齐头并进，各指标之间的实现程度的差距正在缩小，指标正在均衡发展。从总体上看，绿色富民湄潭建设的进程是良好的，下面按"二十字方针"分析各指标的情况。

生产发展。生产发展是新农村建设的重头戏，是各项要求的排头兵，没有生产的发展，农民的生活就谈不上富裕，就没有条件享受精神文化生活，也没有经济收入来建设美好的村容环境，管理民主就更加成为一纸空谈。根据表3-5和表3-7绘制了生产发展综合评价值及各指标的实现程度图(图3-4)。

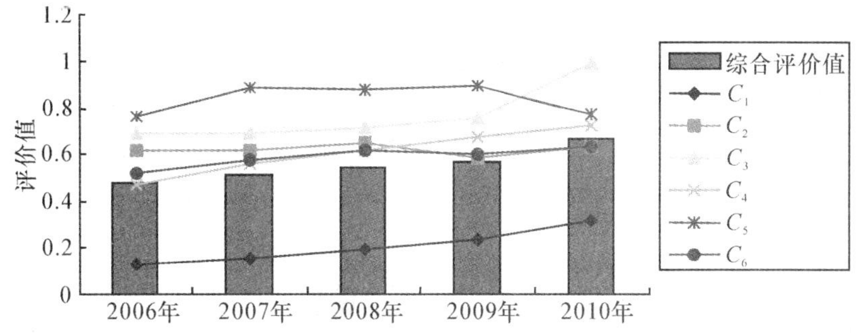

图3-4 生产发展综合评价值及各指标实现程度

从图3-4可以看出，从2006年新农村建设以来，绿色富民湄潭建设在生产发

展方面稳步提高，年年增长，到 2010 年，生产发展的实现程度达到 67%。指标人均 GDP 的实现程度相对比较低，实现程度尚未超过 40%，而人均粮食产量则保持在较高的水平，基本保持在 77%以上。人均 GDP、农业劳动生产率、单位面积农用机械总动力、农村非农产业劳动力比重，这四个指标均在逐年上升，并且增长趋势良好，其中绿色湄潭建设以来增长幅度比较大的指标为单位面积农用机械总动力增长了 37%，农业劳动生产率增长了 33%，人均 GDP 增长了 19%，农村非农产业劳动力比重增长了 9%。这些数据能够说明，自绿色富民湄潭建设以来，农业现代化正在稳步发展，农村劳动力结构不断优化，农业生产能力正在逐步提升。人均粮食产量和有效灌溉率这两个指标则在某段幅度内上下波动，其中人均粮食产量的实现程度在 77%～90%之间波动，从 2006 年的 77%上升到 2009 年的 90%后，2010 年的人均粮食产量有所下降，这可能与 2009 年末 2010 年初贵州大部分地区旱情比较严重，影响了粮食产量有关，所以导致了人均粮食产量的降低，但是湄潭县人均粮食产量在全省范围内还是属于比较高的水平，基本能达到人均 500 千克左右。不单单是粮食产量高，在大米的质量和品牌上更是略高一筹，湄潭“茅贡”牌优质大米连续五年荣获全国优质稻米博览会金奖，被誉为“中国第一米”。有效灌溉率从 2006 年 52%的实现程度缓慢增长到 2008 年 62%的实现程度后，有效灌溉面积在 2009 年有所减少，导致了 2009 年有效灌溉率的实现程度稍微有所下降。根据湄潭的统计公报，2009 年湄潭县有效灌溉面积为 12780 公顷，比上年减少 1416 公顷，这也可能与当年的旱情有关。到 2010 年，有效灌溉率的实现程度又出现了反弹，达到了新农村建设以来最高的实现程度 64%。从新农村建设以来，湄潭县就以农田水利设施建设为重点，先后实施了高新农业示范园区、病险水库除险加固、水毁复垦、河道治理等一大批农业基础设施建设工程，尤其是结合“烟水配套工程”的实施，广大农民群众的生产生活条件得到极大改善，为绿色富民湄潭建设的长远发展奠定了坚实基础。总的来讲，绿色富民湄潭建设生产发展势头良好，各项指标正在稳步增长，这与湄潭走“产业强县”的道路是分不开的。湄潭县结合实际，提出“突破茶叶产业，稳定烤烟产业，巩固畜牧产业，做大做强茅贡米业”的农业产业化发展思路，按照优质、高效、生态、安全的要求，从抓农业基础设施、产业基地、品牌宣传和扶持龙头企业等方面着手，全力发展绿色、有机特色产业。通过近年来的倾力打造和精心培育，湄潭农业产业化进程日益加快，全县“茶、米、烟、畜、油、椒”等特色农业产业体系基本形成。

生活宽裕。农民是新农村建设的主体，各项要求的发展终究是为了让农民过上有保障的比较宽裕的生活，只有通过“富民”使农民生活有保障了，农村社会才会稳定。根据表 3-5 和表 3-7 绘制了生活宽裕综合评价值及各指标的实现程度图(图 3-5)。

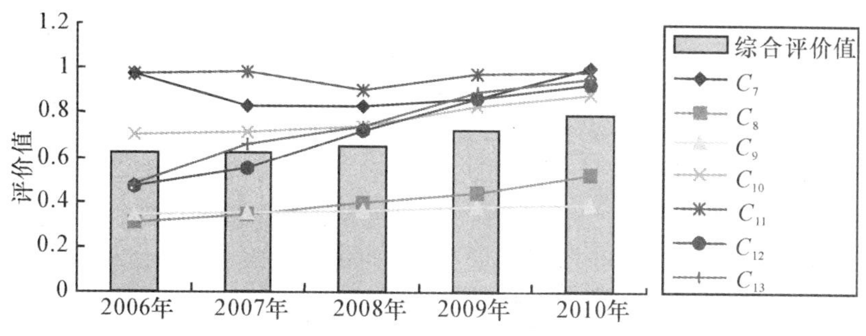

图 3-5　生活宽裕综合评价值及各指标实现程度

从图 3-5 可以看出，2006 年至 2010 年间，湄潭农民的生活宽裕程度也是在逐年提高，从 2006 年 62%的实现程度提高到了 2010 年 79%的实现程度。指标每千农业人口乡村医生和卫生员数与指标农民人均纯收入的实现程度相对较低，都在 60%以下，但是两个指标均在增长，农民人均纯收入增长相对要快，指标每千农业人口乡村医生和卫生员数增长比较缓慢，这说明从设定的目标来看农村卫生资源的拥有量还是比较贫乏。从全省范围来说，贵州省农村医疗卫生资源与其他省份相比是不足的，但是自新农村建设以来，湄潭的农村卫生工作得到了进一步加强。

由表 3-4 可以看到，该指标从 2005 年到 2006 年比其他年份有较为明显的增长，目前新型农村合作医疗制度已覆盖湄潭全县，覆盖率为 100%，2010 年的参合率达到了 95%以上。指标农村恩格尔系数和安全饮用水比重的实现程度则保持在较高的水平波动，实现程度均在 80%以上，2010 年农村恩格尔系数从新农村建设以来首次降到 40%以下，达到了预定的目标，按照联合国粮农组织的标准，湄潭农村社会在这一年达到了富裕型阶段。安全饮用水比重在 2008 年稍微下降，其他年份均保持在 97%以上。农村人均住房面积、农村百户家庭主要耐用消费品拥有水平、农村基本养老保险参保率这三个指标的实现程度处于较快增长趋势，其中增长幅度较大的指标是农村百户家庭主要耐用消费品拥有水平和农村基本养老保险参保率，增长幅度分别为 46%和 48%，这说明湄潭农村居民的住房条件和生活水平正在逐步提高，农村社会保障事业得到进一步发展，农民生活有保障，2010 年湄潭农村百户家庭就拥有 31 辆摩托车、106 台彩色电视机、93 台洗衣机、53 台电冰箱、165 部手机，农村人均住房面积 33 平方米。特别是绿色富民湄潭建设以来，湄潭着力打造的“黔北民居”新村建设，更是成为了绿色富民湄潭的标志，湄潭农户的砖混结构黔北民居建房风格，引起了各级领导和国内外人士的广泛关注，特别是以田家沟为代表的新农村建设示范点，通过中央电视台、人民网、新华网、人民日报等主流媒体报道后，产生了较大的社会反

响。总的来说，绿色富民湄潭在“富民”（生活宽裕）方面，湄潭农民的日子正一天比一天好，各项农村社会事业正发生着日新月异的变化，正如湄潭县的宣传语：“走，到湄潭当农民去！”

乡风文明。建设社会主义新农村，不单单是建设生产发展、物质生活宽裕的农村，而是既要物质生活宽裕又要精神文明的新农村，建设乡风文明的社会主义新农村，是社会主义精神文明建设的必然要求。根据表 3-5 和表 3-7 绘制了乡风文明综合评价值及各指标实现程度图（图 3-6）。

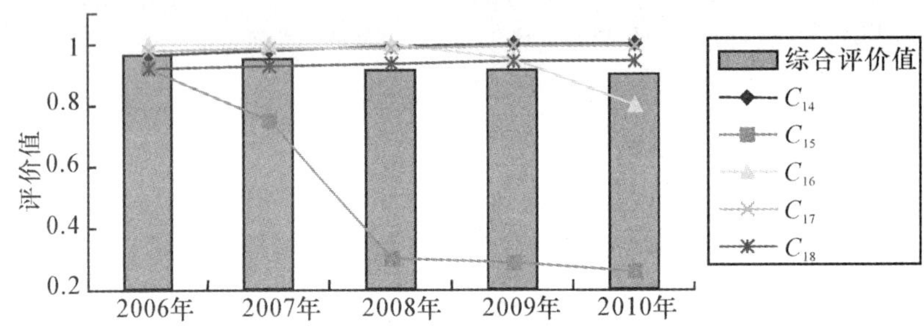

图 3-6　乡风文明综合评价值及各指标实现程度

从图 3-6 可以看出，乡风文明的综合评价值一直保持在很高的水平，每年都达到了 90%以上，但出现了下降的趋势，变化幅度不大，下滑幅度仅为 6%。通过观察发现，这种下滑趋势是由于文教娱乐支出比重和万人刑事案件立案件数两个指标的下降而另外三个指标的微增长导致的。尽管如此，并不能由此推断出湄潭社会主义新农村建设中乡风文明程度越来越差。其主要原因在于：第一，由于刑事案件立案件数是从《湄潭统计资料汇编》上获取的，没有区分刑事案件是在农村社会还是在城镇社会发的案，该指标使用的是全县数据，对农村社会的说明性并不是太强。根据我们的访谈可知，湄潭县 80%的刑事案件发生在县城，因此该指标对乡风文明的权重比较低。第二，万人刑事案件立案件数这个指标在 2009 年以前的实现程度都达到 100%，只在 2009 年和 2010 年两年有所下降，但是实现程度仍比较理想，保持在 80%以上的实现程度。第三，文教娱乐支出比重虽然下滑幅度比较大，但从统计资料农村居民的消费结构中发现，农村每年文教娱乐的消费是在增长的，这种矛盾是由于农民快速增加收入的消费主要在修建住房和耐用消费品等改善生活条件方面上，文教娱乐消费的增长速度比不上总消费的增长速度，所以文教娱乐支出比重才会下降，这种大幅度的下降导致了乡风文明综合评价值在其他指标增长时出现了很小的下降。第四，农村人均受教育年限、计划生育率和广播电视综合人口覆盖率三个指标的实现程度都逐年增长，这至少说明了农村居民的人口素质在提高，生育观念在进步，精神文化生活越来越丰富。这三个指标之所以是微增长，是因为从2006年开始，这三个指标的实现程度就已经达到了92%以上，保持在很高的水平上，增长空间比较小。从表3-7还可以发现，这三个指标从2005年到2006年是有比较明显的增长的，这说明绿色富民湄潭建设前后相比较，乡风文明程度是有进步的。总之，不能因一两个指标数值下降导致乡风文明的综合评价值的小幅度下降，就推断出湄潭社会主义新农村建设在乡风文明方面出现了退步的趋势，绿色富民湄潭建设乡风文明的综合评价水平与其他几个准则相比较，是保持在最高的。在实践过程中，湄潭县根据农村发展的需要，采取寓教于乐的形式，精心组织“文化进村活动”，通过“书画进农家”、“农家书屋”、“农民文化家园”、“家训倡文明”、“格言树新风”以及文艺演出等，用先进文化教育广大农民，让农民群众在享受文化发展成果的同时，接受爱国主义、集体主义和文明礼仪教育，这些举措对于农民的文化熏陶和农村的文明进步发挥了积极的作用。

村容整洁。村容整洁是新农村建设的标志，是新农村建设的外在表现，是社会主义新农村的形象。社会主义新农村应该具有整齐、干净的村容村貌，优美、舒适的人居环境，生产发展、生活宽裕都需要通过村容整洁来直观地展现出来。根据表3-5和表3-7绘制了村容整洁综合评价值及各指标实现程度图(图3-7)。

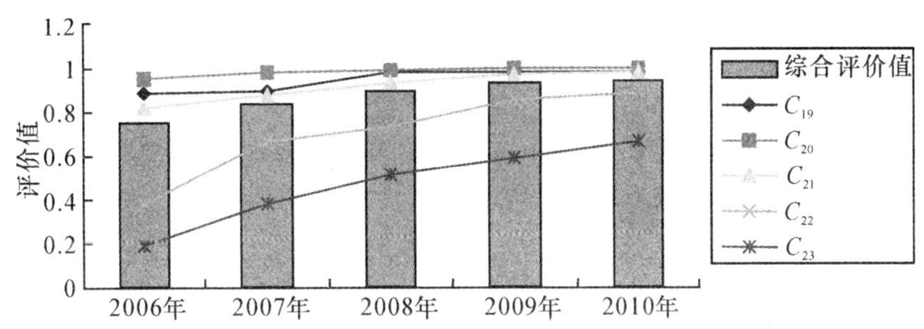

图3-7　村容整洁综合评价值及各指标实现程度

从图3-7可以看出，村容整洁的综合评价值在逐年升高，到2010年，综合评价值已经达到0.94，与2006年的0.75相比较，提高了19%，是五个准则中上升幅度最大的，说明自绿色富民湄潭建设以来，农村的村容环境正在逐渐变好。村容整洁五个指标的实现程度均处于上升状态，其中上升速度最快、增长幅度最大的指标为卫生厕所比重和垃圾集中处理率。两个指标实现程度的大幅度提升，说明了湄潭新农村建设整改农村“脏、乱、差”现象效果明显，但是距离目标值仍有一定的差距。在实地调查中了解到，湄潭新农村建设以前，农户基本上没使用过卫生厕所，上厕所都是使用猪圈、茅坑，新农村建设后，使用卫生厕所的家庭正在逐渐增多，主要是以水冲式厕所为主，现在在新农村建设示范村，使用卫生厕

所的农户比重达到了80%以上,并且村中建有垃圾池,村民的生活垃圾大都集中处理。森林覆盖率指标保持在较高的实现水平,实现程度保持在88%以上,每年的实现程度都在提升,该指标是从自然环境角度来评价村容村貌的,湄潭县森林覆盖率是比较高的,自然环境也比较不错,而且湄潭县在退耕还林工作中"退出一种产业"思路很好,即"退耕还茶"。"退耕还茶"既提高了森林覆盖率,又促进了湄潭茶产业的发展,带动农民增收。通公路行政村比重指标的实现程度也比较高,在2009年,湄潭已经实现了村村通公路的目标,并且四通八达的农村公路网正在进一步发展和完善,目前不仅仅是村村通公路,而且通油路(砼)路的村已达到了70%以上。清洁能源使用比重的实现程度从2006年的82%上升到2010年的92%,目前湄潭农村能源使用主要以电和沼气为主,烧柴禾做饭的农户基本上没有,湄潭新农村沼气池建设正在稳步推进,已建成2.8万口沼气池,每年以新增几千口的速度在增长。总之,绿色富民湄潭建设以村庄整治为重点,在农村交通和村容环境上取得了很大的进步。

管理民主。管理民主既是推动新农村建设全面协调发展的重要保障,更是衡量新农村基层政治文明建设的硬指标,实施民主有效的乡村治理活动,是促进国家治理方略以及惠农支农政策等客观因素最终转化为推动新农村建设的内在驱动力。本章构建的指标体系,管理民主的指标只设立了3个,这主要是由于管理民主比较难以进行定量的评价,所设立的3个指标的数据均是通过在湄潭的实际调研所获得,主要是通过问卷调查的形式进行调研的,共发放问卷100份,回收100份,有效问卷99份。通过问卷调查,得到了管理民主3个指标在2006年、2008年、2010年三个截面的数据,根据表3-7和表3-5绘制了管理民主综合评价值及各指标实现程度图(图3-8)。

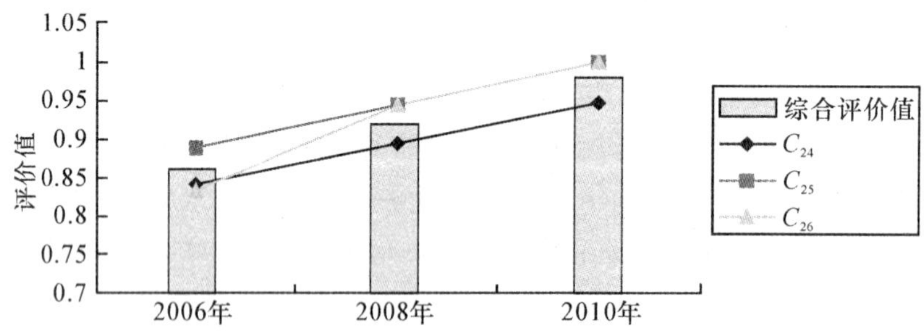

图3-8 管理民主综合评价值及各指标实现程度

从图3-8可以看到,管理民主的综合评价值及各指标的实现程度均在不断地提高,其中指标对村务公开满意度和指标村民自治制度完善率,在2010年时,已达到了所设立的目标值。管理民主的综合评价值和各指标的实现程度均处在较高的水平，变动不大，这说明湄潭村级民主政治建设的效果很好，村民参与民主管理和自治的意识在不断地提高，村民自治制度越来越完善。湄潭县在新农村建设过程中，狠抓基层组织建设，把基层组织建设作为破解“三农”难题的重要切入点和突破口，先后投入资金1100万元，新（改）建村级办公楼88栋，实现了村村都有办公阵地的目标，并通过不断探索创新，不断改革完善，奏出了湄潭县深化农村基层组织建设改革的新“三部曲”，形成了一套比较全面、系统的长效工作机制，湄潭县在基层组织建设中取得的成绩还得到中组部、省委组织部的充分肯定。在抓好农村基层组织建设的基础上，湄潭县进一步强化村民自治管理，坚持“一事一议”制，充分发挥农民主体作用，尊重群众意愿，采取“海选”、“公推直选”、“两推一选”的方式选举村组干部，有序扩大基层民主。建立干部进村入户公开村务、撰写民情日记、召开村民集中诉求会议等制度，农民群众的知情权、参与权、管理权、监督权得到了充分体现，增强了广大农民自我管理、自我教育、自我服务的意识，为农村创造了一个稳定和谐的社会环境。总的来说，绿色富民湄潭建设在管理民主方面取得了较好的成绩。

（六）结论

上述对绿色富民湄潭建设的综合评价，主要是对湄潭自身的一种纵向比较，从这种纵向比较的结果和分析来看，可以得出如下结论：绿色富民湄潭建设总体进程良好，根据所制定的综合评价标准，湄潭已初步实现新农村建设的标准；农村各方面情况比新农村建设前发生了很大的改观，并仍在不断地改善和进步，在农村生产、农民的物质和精神文化生活、村容环境整治、农村交通、村民自治等很多方面取得了明显的进步，但是仍需牢牢把握住新农村建设的重点和前提，那就是保证生产的发展。目前，生产发展的情况和新农村建设第一个十年的目标还具有一定的距离，生产发展了，才能更进一步地推动新农村建设各方面的进步。

三、绿色富民湄潭建设的横向评价

上节利用2005年到2010年的数据对绿色富民湄潭建设从纵向进行了评价，接下来将利用上节所述方法，将绿色富民湄潭建设水平与贵州省的总体水平进行比较，从横向上来评价绿色富民湄潭建设的成绩。

（一）横向比较指标体系的构建

由于从全省范围来看，有些指标的数据无法搜集，因此就不能直接使用前文

所构建的指标体系来做横向的评价，这就需要在前面所构建的指标体系的基础上，根据指标体系构建的原则和思路，重新拟订一个适用的指标体系。

进行全省范围的调查，需要花费大量的时间和经费，所以比较难以获得管理民主量化的数据，在此不考虑将管理民主的指标纳入新构建的指标体系，因此在横向比较的指标体系中，只是比较了生产发展状况、生活保障状况和文明环境状况三个方面，新的指标体系也是围绕这三个方面来构建的。横向比较的指标体系还是分为三层结构，第一层是目标层 L，第二层是准则层 M，第三层才是指标层 N。

横向比较的指标大部分与之前纵向比较的指标是一样的，但是也根据实际情况适当地删除或更换了一些指标，在指标总数上要比之前少，但基本上能反映新农村建设的各方各面。

体现生产发展状况 M_1 的指标有 5 个，分别是：耕地有效灌溉率 N_1；农业劳动生产率 N_2；单位面积拥有的农用机械总动力 N_3；人均粮食产量 N_4；农村非农产业劳动力比重 N_5。在这里去掉了指标人均 GDP，主要是考虑到湄潭县是农业大县，在自身的纵向比较中，人均 GDP 能从一定的角度来反映出湄潭新农村的生产能力，而在横向比较中，该指标对于农村生产能力的评价效果不是很具有说服力，所以去掉了这个指标。

体现生活保障状况 M_2 的指标有：农村恩格尔系数 N_6；农民人均纯收入 N_7；每千农业人口乡村医生和卫生员数 N_8；农村人均住房面积 N_9；农村百户家庭主要耐用消费品拥有水平 N_{10}；乡镇敬老院覆盖率 N_{11}。由于难以获取到贵州省安全饮用水比重指标的数据，所以把该指标删除。农村基本养老保险参保率则使用乡镇敬老院覆盖率来代替，因为农村基本养老保险参保率的数据难以获取，所以用乡镇敬老院覆盖率来评价农村社会保障状况。

体现文明环境状况 M_3 的指标有：农村人均受教育年限 N_{12}；文教娱乐支出比重 N_{13}；自来水受益村比重 N_{14}；计划生育率 N_{15}；广播电视综合人口覆盖率 N_{16}；森林覆盖率 N_{17}；通公路行政村比重 N_{18}。文明环境状况的指标是乡风文明和村容整洁的指标综合以后，删除一些无法获取到全省数据的指标而得到的。

最后依据全省的实际情况，对一些指标的目标值进行适当调整，利用前述方法确定各指标权重，构建出了横向比较指标体系，见表 3-8。

表 3-8 湄潭绿色富民横向评价指标体系

目标层 L	准则层 M（M 对 L 层权重）	指标层 N	目标值(单位)	权重
绿色富民	生产发展状况 M_1（0.4934）	耕地有效灌溉率 N_1	70(%)	0.0799
		农业劳动生产率 N_2	5000(元/人)	0.1598
		单位面积拥有的农用机械总动力 N_3	11(千瓦/公顷)	0.0799
		人均粮食产量 N_4	550(千克/人)	0.0527
		农村非农产业劳动力比重 N_5	70(%)	0.1211
	生活保障状况 M_2（0.3168）	农村恩格尔系数 N_6(负向)	40(%)	0.0679
		农民人均纯收入 N_7	6000(元/人)	0.0855
		每千农业人口乡村医生和卫生员数 N_8	2.5(人)	0.0269
		农村人均住房面积 N_9	37.5(平方米/人)	0.0427
		农村百户家庭主要耐用消费品拥有水平 N_{10}	75(%)	0.0539
		乡镇敬老院覆盖率 N_{11}	100(%)	0.0339
	文明环境状况 M_3（0.1958）	农村人均受教育年限 N_{12}	9(年/人)	0.0469
		文教娱乐支出比重 N_{13}	10(%)	0.0174
		自来水受益村比重 N_{14}	100(%)	0.0259
		计划生育率 N_{15}	95(%)	0.0212
		广播电视综合人口覆盖率 N_{16}	98.5(%)	0.0143
		森林覆盖率 N_{17}	45(%)	0.0385
		通公路行政村比重 N_{18}	100(%)	0.0316

(二)与贵州省新农村建设总体水平的比较

1. 数据来源与计算方法

横向比较主要是选取了 2006 年和 2009 年这两个年份进行比较，即新农村建设开始时的比较和当前的比较，因为当时贵州省 2010 年的统计数据暂未公布，所以本研究选取了比较接近当前的 2009 年。数据来源是前述相关的统计年鉴和统计公报等，数据的标准化处理方法，综合评价值的计算方法，和上节所述的方法相同。指标数据的原始值和标准化值见表 3-9 和表 3-10。

表 3-9　横向比较指标体系指标的原始数据

指标	目标值	单位	2006 年		2009 年	
			贵州	湄潭	贵州	湄潭
N_1	70	%	42.12	43.6	61.86	41.2
N_2	5000	元/人	3153	3465	4558	3801
N_3	11	千瓦/公顷	6.89	5.25	9.14	7.45
N_4	550	千克/人	304	538	347	630
N_5	70	%	36.17	36.31	40.57	42.42
N_6	40	%	51.53	41.2	45.2	46.2
N_7	6000	元/人	1984.62	2753	3005.41	4048
N_8	2.5	人	0.91	0.85	0.95	0.94
N_9	37.5	平方米/人	23.84	26.5	26.43	31
N_{10}	75	%	24.19	35.05	42.488	65.07
N_{11}	100	%	56.1	86.67	56.4	100
N_{12}	9	年/人	6.79	8.7	7.05	8.98
N_{13}	10	%	5.25	11.02	3.92	3.45
N_{14}	100	%	72.46	97.46	77.63	100
N_{15}	95	%	94.6	96.1	92.5	97
N_{16}	98.5	%	85.2	90.95	87.4	92.6
N_{17}	45	%	39.93	51.6	39.93	56.7
N_{18}	100	%	86.78	95	98.67	100

表 3-10　横向比较指标体系指标的标准化数据

指标	目标值	单位	2006 年		2009 年	
			贵州	湄潭	贵州	湄潭
N_1	70	%	0.60	0.62	0.88	0.59
N_2	5000	元/人	0.63	0.69	0.91	0.76
N_3	11	千瓦/公顷	0.63	0.48	0.83	0.68
N_4	550	千克/人	0.55	0.98	0.63	1.00

续表

指标	目标值	单位	2006 年		2009 年	
			贵州	湄潭	贵州	湄潭
N_5	70	%	0.52	0.52	0.58	0.61
N_6	40	%	0.78	0.97	0.88	0.87
N_7	6000	元/人	0.33	0.46	0.50	0.67
N_8	2.5	人	0.36	0.34	0.38	0.38
N_9	37.5	平方米/人	0.64	0.71	0.70	0.83
N_{10}	75	%	0.32	0.47	0.57	0.87
N_{11}	100	%	0.56	0.87	0.56	1.00
N_{12}	9	年/人	0.75	0.97	0.78	1.00
N_{13}	10	%	0.53	1.00	0.39	0.35
N_{14}	100	%	0.72	0.97	0.78	1.00
N_{15}	95	%	1.00	1.00	0.97	1.00
N_{16}	98.5	%	0.86	0.92	0.89	0.94
N_{17}	45	%	0.89	1.00	0.89	1.00
N_{18}	100	%	0.87	0.95	0.99	1.00

2. 评价结果和分析

(1)总体结果的分析

根据表 3-10 的数值，利用前述的计算方法，得到了 2006 年和 2009 年绿色富民湄潭建设总体水平与贵州省总体水平的结果(见表 3-11)，并根据表 3-11 的数据绘制了图 3-9。

表 3-11　湄潭绿色富民与贵州省总体水平计算结果

指　标	2006 年		2009 年	
	贵州	湄潭	贵州	湄潭
生产发展水平	0.59	0.63	0.78	0.71
生活保障水平	0.50	0.64	0.62	0.78
文明环境水平	0.81	0.98	0.82	0.94
新农村建设总体水平	0.60	0.70	0.74	0.77

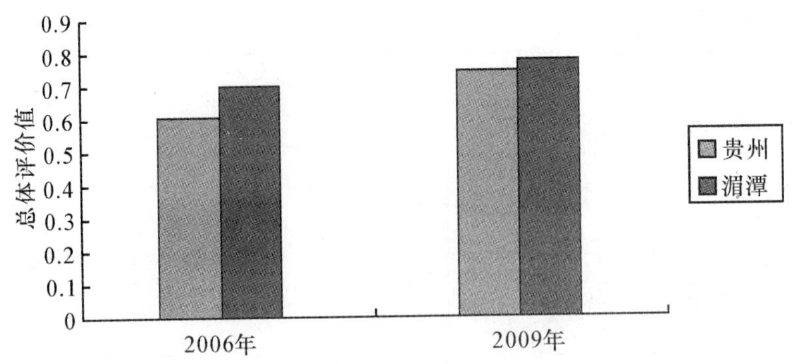

图 3-9　贵州省与湄潭绿色富民比较

从图 3-9 可以更直观地比较贵州省与湄潭绿色富民的总体水平。从图中可以看出，贵州省与湄潭县均在进步，湄潭县高于贵州省。2006 年湄潭的总体水平为 0.7，贵州省的总体水平为 0.6，湄潭高出全省水平 10 个百分点，2009 年湄潭总体水平仍然高于全省水平，但是水平差距比 2006 年小，高出全省水平 3 个百分点。

另外，由表 3-11 绘制了图 3-10 和图 3-11。图 3-10 为 2006 年贵州省与湄潭县在生产发展状况、生活保障状况、文明环境状况三个方面的比较；图 3-11 为 2009 年贵州省与湄潭县在生产发展状况、生活保障状况、文明环境状况三个方面的比较。

从图 3-10 可以看出，2006 年湄潭县生产发展状况、生活保障状况、文明环境状况的水平均高于全省水平，生产发展水平高出全省 4 个百分点，生活保障水平高出全省 14 个百分点，文明环境水平高出全省 17 个百分点，生产发展状况之间的差距不是很大，而生活保障状况和文明环境状况则明显优于全省。2006 年全省在生活保障方面的实现程度比生产发展和文明环境稍低，文明环境方面的实现程度则最高；湄潭县在文明环境方面的实现程度最高，生产发展和生活保障的实现程度相差不大，并都明显低于文明环境的实现程度。

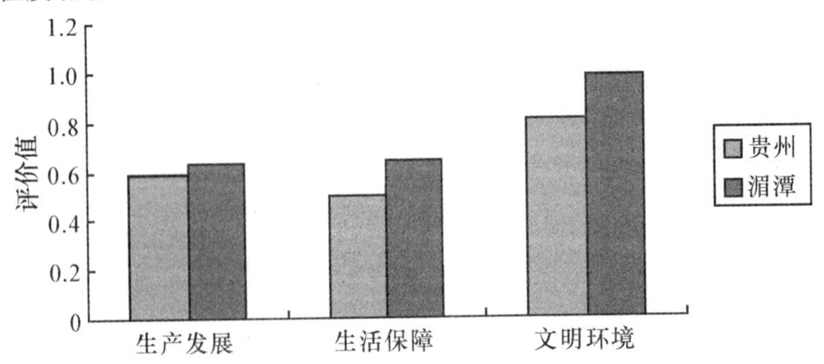

图 3-10　2006 年贵州省与湄潭县在准则层三个方面的比较

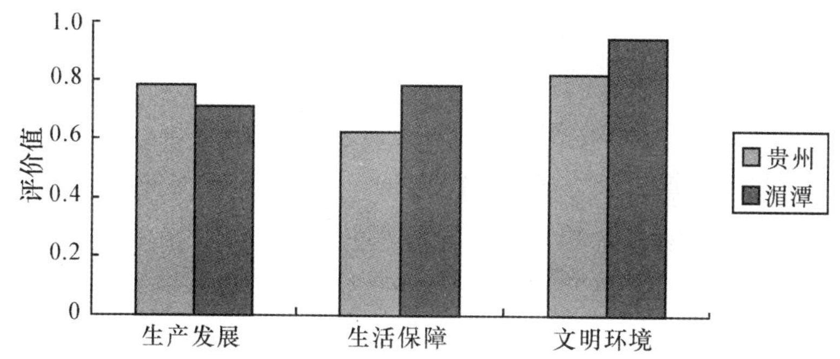

图 3-11　2009 年贵州省与湄潭县在准则层三个方面的比较

从图 3-11 可以看出，2009 年湄潭在生活保障和文明环境方面均高于全省水平，生产发展则低于全省水平，生活保障水平高于全省 16 个百分点，文明环境高出 12 个百分点，生产发展水平落后全省 7 个百分点。2009 年全省在生活保障方面的实现程度低于生产发展和文明环境，而湄潭在生产发展方面的实现程度则最低，文明环境的实现程度最高，生活保障介于中间。

(2)三类状况内部指标分析

生产发展状况。为了直观简便地分析，根据表 3-10 的数据绘制了图 3-12 和图 3-13。

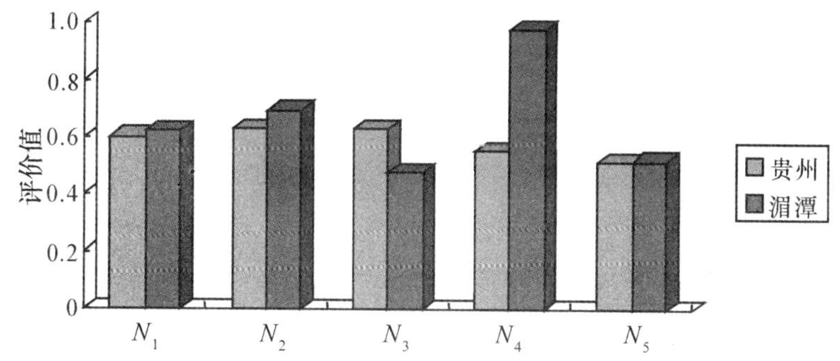

图 3-12　2006 年贵州省与湄潭县生产发展状况内部指标实现程度

从图 3-12 中可以看出，2006 年在生产发展状况方面，湄潭县共有 3 个指标的实现程度要高于全省水平，这三个指标分别是，人均粮食产量 N_4，农业劳动生产率 N_2，耕地有效灌溉率 N_3，其中人均粮食产量的实现程度要明显高出全省水平，高出全省水平 43 个百分点，主要原因是湄潭是贵州省的产粮大县。指标非农产业劳动力比重 N_5 的实现程度则与全省基本持平，实际上是高出全省 0.2 个百分点。指标单位面积拥有的农用机械总动力 N_3 的实现程度则低于全省水平，低于全省 15 个百分点。总的来说，2006 年在生产发展状况方面，湄潭县大

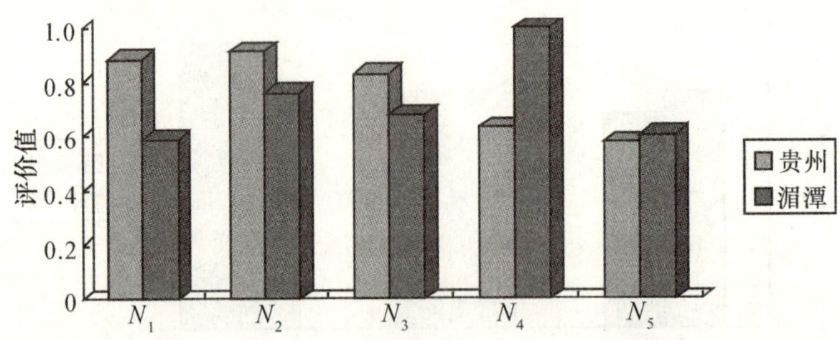

图 3-13　2009 年贵州省与湄潭县生产发展状况内部指标实现程度

部分指标的实现程度超过全省水平，但是差距不是太大。从图 3-13 则发现，到 2009 年，在生产发展状况方面，湄潭县有三个指标明显低于全省水平，有效灌溉率低于全省 29 个百分点，农业劳动生产率低于全省 15 个百分点，单位面积拥有的农用机械总动力低于全省 15 个百分点。人均粮食产量依然高出全省水平，高出全省 37 个百分点，农村非农产业劳动力比重则略高于全省水平，高出全省 3 个百分点。总之，2009 年在生产发展状况中，湄潭大部分指标明显不如全省水平，除了人均粮食已达到设定的目标，农村非农产业劳动力比重也仅仅是稍微高于全省水平。

生活保障状况。根据表 3-10 绘制了图 3-14 和图 3-15。

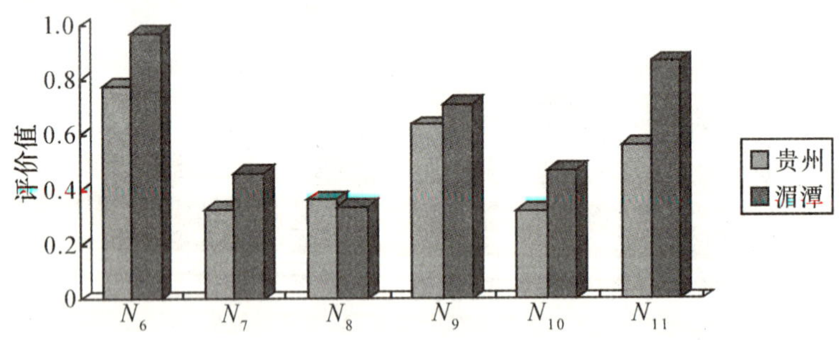

图 3-14　2006 年贵州省与湄潭县生活保障状况内部指标实现程度

从图 3-14 中可以看出，2006 年，在生活保障状况方面，湄潭县有 5 个指标的实现程度明显高于全省水平，分别是：农村恩格尔系数 N_6，高出全省 19 个百分点；农民人均纯收入 N_7，高出全省 13 个百分点；农村人均住房面积 N_9，高出全省 7 个百分点；农村百户家庭主要耐用消费品拥有水平 N_{10}，高出全省 15 个百分点；乡镇敬老院覆盖率 N_{11}，高出全省 31 个百分点。只有指标每千农业人口乡村医生和卫生员数 N_8 的实现程度要略低于全省水平，低了 2 个百分点。总的来说，湄潭县 2006 年在生活保障中，大部分指标的实现程度明显高于全省水平。

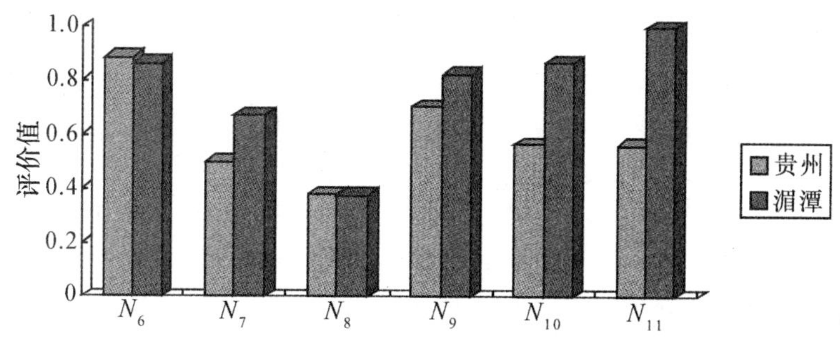

图 3-15　2009 年贵州省与湄潭县生活保障状况内部指标实现程度

从图 3-15 看出，2009 年在生活保障方面，湄潭大部分指标的实现程度还高于全省水平，除了农村恩格尔系数略低于全省水平 1 个百分点，指标每千农业人口乡村医生和卫生员数则与全省持平。

文明环境状况。根据表 3-10 绘制了图 3-16 和 3-17。

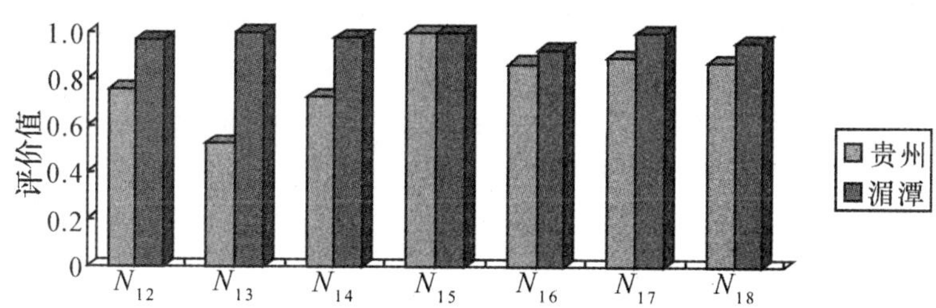

图 3-16　2006 年贵州省与湄潭县文明环境状况内部指标实现程度

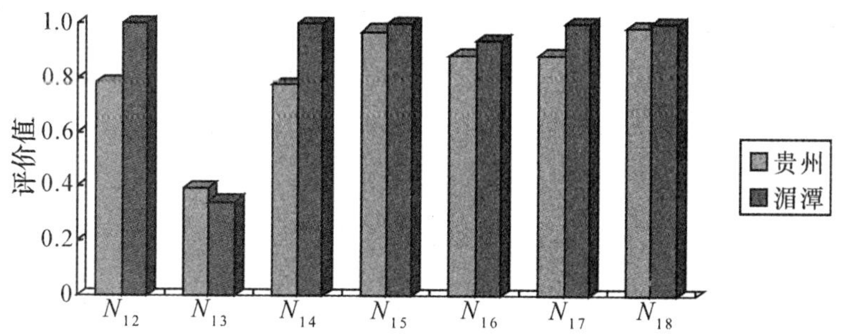

图 3-17　2009 年贵州省与湄潭县文明环境状况内部指标实现程度

从图 3-16 中可以看出，2006 年在文明环境方面，湄潭所有指标的实现程度均超过了全省水平，并且每个指标的实现程度都达到了 92% 以上，实现程度都非常高，其中指标文教娱乐支出比重 N_{13} 的实现程度以明显的优势高出全省水平 47 个百分点，农村人均受教育年限 N_{12} 的实现程度高出全省 22 个百分点，自

来水受益比重 N_{14} 的实现程度高出全省 25 个百分点，计划生育率 N_{15} 的实现程度实际上略高出全省 0.4 个百分点，实现程度达到了 100%，广播电视综合人口覆盖率 N_{16} 的实现程度高出全省 6 个百分点，森林覆盖率 N_{17} 的实现程度高出全省 11 个百分点，实现程度也达到了 100%，通公路行政村比重 N_{18} 的实现程度高出全省 8 个百分点。总的来说，2006 年在文明环境方面的指标上，湄潭县压倒性地高于全省水平。

从图 3-17 发现，2009 年，湄潭县除了文教娱乐支出比重的实现程度低于全省 4 个百分点，其他指标仍然高于全省水平，其中有 5 个指标的实现程度达到了 100%，分别是农村人均受教育年限、自来水受益村比重、计划生育率、森林覆盖率、通公路行政村比重。总的来说，2009 年在文明环境方面，除了指标文教娱乐支出比重的实现程度略低于全省水平，湄潭县所有指标的实现程度都较高，并超过全省水平。

3. 结论

通过对指标数据的计算，根据上述结果和分析，可以得出绿色富民湄潭建设水平与全省水平进行横向比较后的结论：绿色富民湄潭建设的总体水平均高于全省水平；绿色富民湄潭建设的未来征程中，既要绿色，更要富民，仍然需要稳抓生产发展不放松，通过生产发展来继续推动新农村各方面的建设。

第四章
绿色富民湄潭的品牌建设

自 2004 年开始，湄潭依据自身的区域特点，逐步推进新农村建设的“三民”之路。在缺乏大工业基础、大矿藏存储、大城市依托的基本县情下，湄潭挖掘自身的特色、宜居的生态环境、良好的人文环境、朴实的民风、和谐的干群关系，探索出一条“绿色富民、文化塑民、和谐新民”的三农建设，形成了湄潭新农村建设的三大品牌。

一、绿色富民——人与自然和谐相处

“生产发展”富民是新农村建设的首要任务。湄潭抓住区域土地肥沃、水源丰富、生态良好的优势，大力发展优势、特色农产品，在保证优良品质的基础上，纵向二、三产业发展，增加农民收入，实现“绿色产业发展，富在农业”之路。

(一)茶产业富民

茶叶与湄潭密不可分。湄潭是中国茶树原生地之

一，是西南地区唯一获得“中国名茶之乡”称号的生产县，拥有厚重的茶文化与雄厚的科研人才。远眺湄潭，绿林层叠，近看湄潭，茶林遍山；家家户户以茶为生，以茶为乐，以茶为傲。湄潭种茶历史悠久，新农村建设后，湄潭的茶叶发展迎来了新的发展契机。

形成五个产业带，三个产茶区：在湄潭的“十一五”规划中，将清江、湄江湖、核桃坝、云贵山、仙谷山规划为五个重点产业带，同时形成“湄江—永兴—天城无公害茶海区”、“兴隆—抄乐生态茶区”、“洗马—马山—复兴—西河富锌富硒茶区”三大产茶区，形成点面集合的茶叶生产。

退耕还茶，鼓励种植：借助国家实施退耕还林的机遇，因地制宜实施“退耕还茶”。以各种方式鼓励更多的农民、企业自办茶叶基地和申报茶园，对未享受到退耕还林的茶农，由县财政给予每发展一亩新茶园120元的直补，同时对申报有机茶园认证成功的给予每亩100元的奖励等，大大提高了茶农的种植意愿。

扶持企业，打响品牌：对龙头企业实行奖励政策，通过采取政府贴息的方式，帮助企业解决土地、融资等发展问题。以全县之力打造茶乡、茶品牌。“一生只等一壶茶”、“湄潭翠芽舌尖跳动的精灵”等朗朗上口、优美而充满灵气的宣传语将湄潭的茶叶推向了外界。现今，湄潭县注册的茶叶加工企业共有48家，其中有国家级龙头企业2家、国家级扶贫重点龙头企业1家、省级龙头企业20家，形成了以湄潭翠芽为代表的具有一定影响力的茶叶品牌。

培育茶叶交易市场：湄潭本地交易市场共有两个层次，即茶叶交易市场与茶青交易市场。其中茶叶交易市场是国家农业部定点的交易市场——西南茶城。有来自全国各地的茶叶、茶青买卖家聚集于此，日均交易量高达1万公斤以上，日交易额130余万元，最高交易量高达3万公斤、交易额400余万元。目前正在兴建一座占地300亩、功能规模都更加完善的茶叶交易市场，并建茶青市场19个，分布在主要产业区和产业带附近，保证茶农采摘的鲜青能在半小时内进入市场交易。

种茶富民：茶产业已经成为湄潭的第一大农业收入产业，以2009年为例，在投产茶园12.5万亩的条件下，实现茶叶产量1.1万吨，茶产业产值6.16亿元，平均亩产值4928元，茶叶的综合收入达到10.2亿元，占湄潭经济总量的42%。以核桃坝村为例，全家从事茶叶种植的农户人均年收入达8000元以上，若家庭除了种植还从事简单的茶叶加工的，则人均年收入为12000元以上，若家庭另承接一定的服务如餐饮和销售茶叶成品的，则年收入20000元以上，远远高出贵州同期的农民平均收入。

(二)农产品基地建设

除了以茶为代表的农产品生产基地建设以外，湄潭县还按规划培育多样的特色农产品生产，形成北部茶区、南部烟区、中部粮区的农业生产格局，并相应发展成为较大规模的农产品生产基地。经过多年的探索与努力，湄潭被评为“全国优质商品粮油生产基地县”、“全国优质烤烟生产基地县”、“全国优质瘦肉型商品猪生产基地县”等。

现有优质烤烟基地 8 万亩，其中以上海烟草公司在湄潭设立的“申湄烟草基地”为主，年产优质烤烟 16 万担，总产值 1.27 亿元。有优质稻米基地 20.5 万亩，每年能为稻农增加收入 6000 余元，其中以“茅贡米集团”为代表的龙头企业带动了湄潭稻米的基地发展。茅贡米业基地主要有两种模式，对核心基地内的农户采取“公司＋农户”的订单农业的方式，实行最低保护价收购，核心基地所涉及的订单农户约有 4000～5000 户；对核心基地以外的农户则采取“公司＋市场＋农户”的方式，公司设立收购点，直接向农户收购稻谷，或者由稻谷收购商向农户收购后转销给公司，并按市场价交易。随着茅贡米业的发展，稻米种植面积在不断增加，品质意识也逐渐加强。

另外，湄潭拥有优质辣椒基地 12 万亩，年产值达 2 亿元；年出栏生猪 40 万头，畜牧业产值占农业总产值的比重达到 36％。

(三)绿色食品工业园区建设

依托湄潭特色农产品的生产，就地发展农产品加工业，延长特色农业产业链，建成绿色食品工业园区。

工业园区共占地 16 平方公里，为了吸引更多的加工企业进驻，一方面创造优惠的条件，对申请入园企业实行一站式服务，帮助企业对接产业政策、争取项目资金和低息贷款，园区成立了投资担保公司，为入园企业搭建融资平台。另一方面，积极引进先进的技术、人力资源，先后与浙江大学、贵州大学、江南大学、西南大学、贵州茶叶研究所等高等院校和科研机构建立技术合作关系，为园区内的企业发展提供科技支撑和人才保障。同时，为了加快园区发展，政府以选派科技特派员的形式，选派 50 名干部参与园区的建设与经营管理。

工业园区内的加工企业形成一个不断创新、不断激励的良性循环发展集群。如今，入园企业已有 30 余家，2009 年园区完成工业产值 5.9 亿元，税收 1200 万元，同时解决就业岗位 2500 余个。在入园的企业中，以涉茶企业居多，其中又以兰馨茶业有限公司为主。为了在众多的茶加工企业和茶农加工小作坊的竞争中发展，2009 年成立的兰馨茶业选择“创新”为发展方向，在生产、销售过程中不断

地创新拓展，在工艺、装置、应用及外观上获得了7项专利技术，其中以兰馨雀舌的小额化包装外观专利设计与运用最为人所知，也大大提升了黔茶的知名度。在兰馨茶业的带动下，园区内各个企业也不断创新发展，形成了蓬勃的发展态势。如利用茶多酚开发的饮料、茶油加工企业等。优质稻米的主要加工企业是贵州茅贡米业有限公司。成立于1997年的茅贡米有限公司已经从事大米加工30余年，2006年迁入湄潭绿色食品工业园区，同样秉承一个创新理念，在大米品质、生产组织形式、产品种类等各环节都有创新，将稻谷去壳后的大米皮层及胚芽通过物理处理后形成高级营养的植物油进行销售等。

(四)生态休闲旅游湄潭

“湄潭潭畔水如眉，九曲纵横似武夷。练练江流来绝域，萧萧雾雨上高枝。千年行密传珪地，六月淮南献凯时。忆自海龙归马后，山村处处乐雍熙。”(清·郭子章《湄潭志韵》)“一城万户拂熏风，湄水澄波漾碧空。”(清·祖光佩《夏过湄阳志喜》)“偻行三日到湄潭，几处晴光映翠岚。”(清·郑珍《湄潭行》)古往今来，多少文人雅士、布衣人家醉心于湄潭的茶乡山水。正如石永言在《西部茶乡的画意诗情》中写道，湄潭的美在茶乡，茶乡一抹抹黛绿，一片片绿云，一年四季都是画，是诗。

湄潭以新农村建设为契机，借助黔北民居的打造、特色农产品生产基地的建设，稳步推进旅游产业的发展。整合自然、人文和各类综合旅游资源，打造“山水田园城市，中国名茶之乡”的城市休闲旅游品牌，逐步形成了湄潭“茶、文、水、城”的旅游特点：茶——茶文化、茶生产加工观光体验旅游，文——中国红军、文军长征体验旅游，水——湄江生态观光旅游，村——多彩贵州乡村旅游。另外，湄潭的新农村建设也将每家农户打造成“农家乐”模式，家家户户雕花窗、转角楼映衬在连绵茶绿中，吹来茶香满鼻，又闻耳畔农歌，处处是风景。游客无论走到哪户农家，都能随地歇脚，随处惬意。

到2010年，湄潭共接待游客40万人次，实现旅游总收入3.2亿元，占县生产总值的比例为12%。新建三星级以上宾馆2家，建成AAA级景点2处，建立县级游客服务中心1家，乡村旅游服务中心10家，乡村旅舍50家，组建2家规模型旅行社，培育2家营业年收入百万元以上的旅游企业。同时也通过餐饮、住宿、向导直接拉动了农户收入。

二、文化塑民——人与文化的融合

湄潭，文化之城，在此多种文化被接纳包容、“和而不同”。古县的传统、民族文化，现代发展的多元文化，各自发展，相济相成。民众作为文化的载体，在多文化的冲击中，以和平共处、包容接受、传承与创新的态度对待，成为湄潭的第二张名片：文城。

(一)古县文化

1. 红军长征文化

1935 年，中央红军留驻湄潭县城，司令部设在天主教堂内。红军在湄潭的 14 天，撒播了革命的火种，湄潭人民迅速融入革命中，在随后的战争中留下了许多激人奋进的事迹。同时，红军在此留下的知识学习也延续不断，在破草房里的列宁学习班、青工干部培训班，标语的创作宣传都给这座封闭的小县城打开了知识教育的窗口。而今红九军团在天主堂内外壁所留下的数十条标语仍然保存完好，墨迹清晰，提醒着来往的行人，这段历史、这段革新、这段文化的传播与这座小城一起被记入史册。

2. 浙大西迁文化

1940 年，在竺可桢校长的带领下，浙江大学内迁到湄潭办学 7 年。7 年间，浙大培养出众多杰出的科学人才，取得了许多宝贵的科研成果。浙大校友在湄潭还成立了湄江吟社，创作出丰富的文学作品。他们的诗词或清新峻峭，或雄奇瑰丽，或胸襟旷达，在逆境中的缘景言情，奋进的生活工作态度都留给这座小县城尢尽的财富。如苏步青的《忆贵州湄潭》：“寄身破寺复何人，眼底江山一片新。莫道桐油灯影淡，如今放焰暖生春。”1990 年，湄潭县政府将文庙改建成“浙大西迁历史陈列馆”，完好地保留了旧貌。2006 年，陈列馆被列为全国重点文物保护单位。2007 年，湄潭浙大西迁历史研究会成立。浙大西迁文化在此得以传承弘扬。

3. 茶文化

湄潭茶文化历史悠久，其特有的茶礼和茶俗在民间代代流传。例如，接待客人奉茶、献茶颇有讲究，“酒满敬人，茶满欺人”；过年“送茶”、“还茶”；婚姻“问茶”、“去茶”、“放信茶”、“三道茶”、“派茶”、“茶礼”完成了寻婚、求婚、结婚的整个过程；祭祀“净茶”等。茶已不仅仅是湄潭的一种食品，而是融入人们生活各方

面，在此茶的文化也就是民俗的文化。茶道，将茶事活动升华为富有民族特色的高雅文化。在湄潭随处可见《茶经》的踪影，将儒、释、道三教思想的精华融合于茶事中，将茶事寓于“和、静、怡、真”，无论是在茶楼还是在农家，轻品一壶茶，修身养性。通过对民俗的茶歌、茶调、茶词、茶诗的搜集与创作，茶艺的学习与比赛，举办各种茶艺馆和茶文化盛会，茶文化已经融入湄潭人的骨子里。

4. 傩文化

傩文化是湄潭古代的一种驱逐疫鬼的仪式，已有千年历史。傩文化通过古朴夸张的傩戏面具和悠扬婉转的傩戏音乐传递着人们的认识与愿望。湄潭县的抄乐乡组建了专业的傩戏团，在 1988 年贵州首届民族民间艺术节上，抄乐乡傩戏艺人演出的《毛鸡打铁》受到了省内外专家和观众的好评；1994 年应日本艺术界的邀请，赴日演出引起了巨大关注。随后，1998 年由县政府拨款筹建湄潭县傩文化研究会，并负责傩戏的培训。此后，美国、英国、日本、韩国等多国学者先后前往抄乐乡对傩文化进行考察与研究。

5. 民族文化

湄潭是少数民族聚居地，其中以苗族、土家族为主，特有的风俗习惯是湄潭宝贵的文化财富。境内的苗族多为花苗，因其自古穿戴花俏、言如鸟语而得名。苗族没有文字记载，特有的语言及其文化依靠面授口传，其生活习俗主要有踩山坪、吃眷门猪、砍火星等。土家族的生活习俗主要有过赶年、四月八嫁毛虫节、六月六的晒龙袍。

(二)新农村文化

湄潭新农村的文化品牌建设，一方面是推进农村文化的现代化进程，形成适应市场需求、社会需求的新农村新格局。另一方面体现在农村文化的自主创新上，在本土文化的基础上，提升文化蕴涵。

1. 基础、职业教育提素质

湄潭通过注重基础、职业教育，提高农民素质，提升人力资本。从 1983 年开始，湄潭加强基础教育建设，组织教师走村串寨动员适龄儿童入学，举办农民夜校开展文化扫盲工作，1988 年被国家教委评定为“全国无文盲县”，全面巩固基础教育。到 1993 年全县青壮年非文盲率达 97.6%，全县 378 个村均达到基本无文盲标准。2001 年至今，大力开展“两基”工作，投入了大量的资金与人力。湄潭的职业教育经历了三个阶段：80 年代的职业中学为主，服务区镇特色经济，90 年代以开办乡村农民文化技术学校为主，传授致富技术，如今以职业高中为培训基地，教学就业技能。其中以湄潭师范学校、湄潭卫校、电大教学班、中央农业广播电视大学湄潭分校为主，向不同的岗位输送了大量的人才。

2. 文化家园入乡村

湄潭结合“四在农家”（富在农家、学在农家、乐在农家、美在农家）中的学在农家活动，开展了文化家园入乡村的活动。建立农家书屋21个，组织以村组为单位的学习社团43个，每个乡镇均建设体育文化设施齐全的文化广场，定期通过寓教于乐的形式组织文化活动下乡，同时将各乡的特色文艺汇集编排推广，其中“家训倡文明”、“格言树新风”等主题文艺演出在乡村引起了很大的反响。在文化之风的引导下，湄潭现有农民文化团体110个5000余人，其中抄乐乡傩戏艺人演出的《毛鸡打铁》、县文联据此编排的《傩魂》代表遵义市参加贵州“朝霞工程”成果展播，农民彭旭中创作的歌曲《茶乡妹子硬是乖》先后被“贵州遵义·湄潭首届茶文化艺术节”和第二届贵州茶文化艺术节“多彩贵州风”演唱。兴隆镇田家沟农民自发以花灯舞的形式唱出《十谢共产党》，唱出村寨，唱出湄潭，唱出贵州，传向整个中国。

三、和谐兴民——人与人的连结

新农村建设，人与人的和谐是基础。和谐的城乡关系、和谐的干群关系是湄潭的人文品牌。

（一）城乡差距小

当你亲眼看到“群山环抱翠湖清，农夫把酒话收成”、“灯笼山顶览秋光，四下农家古正黄。一线湄江柃玉带，三沟泉水注鱼塘。林荫几处留归路，竹影千竿摇矮墙”时，当你亲自感受“前观稻黍千重浪，后依茶山万亩田。不是三丰狂饮酒，哪来此景化湄潭”、“新宅精雕，沿途学童手频招，民意陶陶，国势昭昭”时，“走，到湄潭当农民去”这句话不觉涌入脑中。在此，湄潭的农民是幸福的农民。拥有和城镇居民相同的医疗、养老福利待遇，享用和城镇居民一样的娱乐文化设施，接受着和城镇居民一样的教育。

（二）干群关系融洽

“大兴密切联系群众之风”，湄潭在新农村建设的各个环节均强调干群关系。理解与制度是湄潭解决干群关系的主要方法。一方面，强化领导班子建设，为构建和谐干群关系提供组织保障。从县政府到村两委都通过各种形式选好配强班子，从上至下形成一个作风过硬，办事能力过强，能为民办事、办好事的真正属于

农民的好班子。特别是两委的基层班子，将有知识、有才干但缺乏经验的年轻干部与富有经验的老支书搭班子。同时深化基层民主管理，开展政务公开活动，让群众参与监督，坚持“农民的问题农民一起解决”原则。大力开展普法教育，增强法律意识，有序参与民主实践，理性表达利益诉求。另一方面，切实为民办实事。尊重农民的主体地位，尊重民意，干部带头引进项目，带动农民致富创收，保障其合法权益等。此外，湄潭重视返乡农民工创业。在湄潭，昔日的劳动力输出大县，而今越来越多的外出农民工返乡创业。通过实施“返乡创业工程”设立返乡创业培训专项资金，全方位扶持农民工返乡。湄潭的农民工返乡后兴办规模种植业、养殖业、农产品加工业，成为农民合作经济组织带动人，发展了一批“一乡一业、一村一品”的产业集群，实现了从“输出一人、致富一家”的加法向“一人创业、致富一方”的乘法转变。湄潭的活力再次被激发。

同样，群众对干部的支持与理解是对等的。在鱼泉镇，决定要修一条能通车的乡间道，村民们自发出力出物资，并在一个月内完成了修建。在两路口，村长因为公务而耽搁收割的庄稼村民自发将其收割好，如此事例不胜枚举。

第五章
绿色富民湄潭的建设典型

一、茶韵富民村——核桃坝村

泽溪兰吹

泽溪有幽兰，与城势不及。借他破浪风，吹来香满鼻。

（清）冯培元

湄潭茶园

走进湄潭县湄江镇核桃坝村，“雕花窗、川斗房、坡屋面、白粉墙、绿茶壶”，以“千壶园”为主格调的黔北民居依偎在万亩茶园边，那样的美，那样的协调，一时竟无法找到一个贴切的词语来形容。仔细想想，涌现脑海的原是湄潭的一句话：“走，去湄潭当农民去。”

核桃坝村，距县城 10 千米。全村总面积 12 平方千米，辖 8 个村民组，2010 年 807 户 3347 人，人均耕地面积 2 亩以上，人均纯收入 8800 元，有“中国西部生态茶叶专业村”称誉。先后被中组部授予“全国先进基层党组织”，中央文明委表彰为“全国创建文明村镇工作先进村”，贵州省委、省政府授予“五好基层党组织”和“小康村”等称号。名副其实的美在绿色，富在绿色。而这厚重的绿色却不是一朝一夕的成就，现任村支书陈延明说道：“这抹绿凝结着太多人的奋斗，经历了三次突破性的洗礼，才走上了这条特色产业拉动新农村建设的发展之路。”

(一)因地制宜，解决温饱再发展——引水寻绿之路

20 世纪 60 年代，核桃坝干涸而贫瘠，人均收入不足 80 元，口粮不足 200 斤，“河深峭壁高、黄土无甘霖、播下七分种、收获三分银”，老一辈的核桃坝人依然记得这朴实而贴切的核桃坝农家谚语。1965 年冬，在老村支书——何殿伦的带领下，全村迈开了以改土引水为中心的农业生态工程建设第一步。全村人冒着严寒，齐心协力，凭着对生计的渴望，对生活的激情，仅仅用了 97 天就从低于核桃坝村数百尺的湄江河中调来甘霖之露，在凝冻的河面筑起了一座长 57 米、宽 7 米、高 5 米，能装 12 台水能泵的堤坝。同时将高低不平、杂乱无章的“靠天田”改造成为整齐划一、沟渠纵横、引水方便的保收田。勤劳的核桃坝人当年就实现水稻种植的大丰收，粮食产量由 50 万斤一下增加到了 150 万斤。核桃坝人在突破自然局限、村民干部共同努力下，翻过了脱贫、解决温饱这一页。

脱贫、解决温饱不是核桃坝人的最终目标，老支书早早就在思考富裕之光源于何处。何支书摸着这片赖以生存的土地，知道核桃坝人的希望在土地，只有爱土地、尊重土地，才能被回赠希望。

村支两委在核桃坝这片黄土丘地上尝试种过多种经济作物，核桃、辣椒、果树等，次次希望的播种耕种，收获的却都不是累累硕果。而当时，没有相似土地状况的示范村，模仿种植也不存在。老支书说：“我一定要找到一条适合核桃坝的发展致富路。”

测土质、量气温、九上安徽、七下广州，村干部遵循着科学的种植原理多方探索，谦虚向专家请教，反复尝试，终于发现这片荒凉的黄土地原来竟是种植茶叶的宝地。绿色，自然的原生态的颜色，原来就是富民之道。一种以茶叶生产种植为主的生产经营模式凸显出来。

核桃坝村茶海

(二)积极引导,形成规模生态农业——添绿小康之路

核桃坝人走上小康之路经过了村民和两任支书的不懈努力。一开始发展种植茶叶并不容易,村民质疑重重。党员、领导班子带头,投入全家所有的劳力与精力,在"党员带头种一亩、一个党员带一户"的口号下,一家两家,一亩两亩,星星点点的绿园迅速形成,成片的茶园延绵开去,甚而延伸到荒山秃岭、沟壑旮旯……致富的号角吹响,自豪的笑容挂上村民的脸上,村民人均收入达到3000元以上,在当时的贵州农村,这是一个巨大的数字。

茶叶种植普及了,接下来是如何保障茶农收入,做成特色产品。首先,保证茶叶的品质,保持良好的茶叶种植环境。村干部多次组织种植知识学习,从户均8亩茶田的无缝隙种植到购买茶苗、无公害种植到统一采摘,每个环节都一一普及,发动种植能手入户示范教导,无公害生态茶园逐步推进。先连片茶叶面积已经达到7800亩,而无公害种植已经深入民心,形成了一种种植惯例。通过统一治理生活垃圾,坚决杜绝污染企业进驻,村域内湄江河两岸进行绿化植树、在通村公路两旁栽种行道树、在茶园栽种桂花树等,大力营造绿色生态环境。其次,多重途径保证茶农的利益,让其融入市场,自力发展:第一,搭建茶农与市场的平台。核桃坝村建成了湄潭面积最大、交易量最大、影响最大的茶青交易市场。每年茶青采摘季节,络绎不绝的人来到茶青市场,买卖双方都收获甚丰。第二,积极提倡茶农自主纵向加工,获取茶叶附加效益。从早期的市场试水到现在许多

茶农积极参与，一个小小的核桃坝村已拥有茶产品纵向加工大户 38 家。2006 年，现任支书为了防止村内茶加工户恶性竞争，也为了避免核桃坝茶叶品牌杂、影响小的发生，他带领本村种茶加工大户和村支两委班子，按股份制方式筹资组建茶业公司，建起了标准化的厂房和先进的茶叶生产线，拥有了首家以村名义营运的"生产—加工—销售"企业，注册成立四品君公司，采取"公司＋基地带农户"的模式，大力推行标准化生产，并以核桃坝村为中心，建立起大规模的茶叶种植基地。标准化的包装，借助政府的平台产品宣传，"湄潭翠芽"等知名品牌逐渐走上了市场并且赢得了大量的好评，"湄潭翠芽"已先后 23 次荣获国家级名优茶评比金奖。第三，主动引入外来竞争，形成多方共赢的产业群。核桃坝村招商引资，与多家茶叶龙头企业合作，如三品清公司、红砖茶有限责任公司和遵义湄潭老村长茶叶有限公司，进一步发展和壮大了核桃坝村的茶产业经济。最后，为了规范管理，达成共识，核桃坝村成立了茶叶专业合作协会。这种"支部＋公司＋协会"的茶叶经营方式推动了核桃坝人大步跨进小康生活。

(三)奋力拓展，从生态农业到生态旅游——享绿幸福之路

在贵州，湄潭核桃坝村是为数不多的没有劳动力输出，只有劳动力流入，没有土地流转的村。村民自豪地说："城里人都羡慕我们的农村。"核桃坝人幸福的生活从生态农业发展到了生态旅游。

随着湄潭县新农村建设帷幕的拉开，核桃坝村像乘风的帆借势而发。以湄潭县"四在农家"为载体，修建通村公路、完善基础设施、保护生态环境。在村级民主政治建设中抓好民主集中制和党务村务公开的同时，实践总结了"两尊双向三公开"的做法，即：尊重党员主体地位，尊重群众首创精神（两尊）；自下而上要三民（纳民意、集民智、惜民力）；自上而下应三议（村支两委商议、党员大会复议、村民或村民代表决议）（双向）；议事事项公开、决议内容公开、实施结果公开（三公开）。通过这一做法，修通并硬化了北与永兴镇相通，南与县城相连，东与天城乡相接的公路近 12 公里；通过在村域内湄江河两岸进行绿化植树、在通村公路两旁栽种行道树、在茶园栽种桂花树等措施，实施了生态环境保护工程；通过上级补助，群众筹资、投工投劳，对所有家庭院落、联户道路进行亮化改造；通过修建沼气池、配套实施改厕改水工程，改善村域卫生条件；新建 680 平方米黔北民居风格村级办公楼一栋，新建集群众健身、娱乐、休闲为一体的 4100 平方米的农民文化广场一个；小学一所，私立幼儿园两所；老年公寓一栋。

基础设施与乡风管理成型后，湄潭人以茶为载体，大力打造茶文化为主线的生态休闲旅游。挖掘现有的茶文化、农耕文化、民俗民间文化；开发茶社、茶点、茶酒的茶饮食文化，传承茶道、茶艺、茶歌、茶舞的茶风情文化。将旅游与文化有

效融合。投资2522万元打造四品君"清、静、雅、和"的茶企业文化:建设有机茶园和观光茶园2668亩;建设完善旅游接待中心4000平方米;新建休闲文化花园11000平方米;新建停车场1200平方米;新修茶文化广场3800平方米;打造钓鱼标准竞技场6200平方米;建设供游人参观、体验茶叶加工的茶叶清洁化生产车间3200平方米;打造村域内10公里长湄江河段野生钓点100个。随着茶品牌的推广,核桃坝旅游品牌逐渐建立,现在每年吸引各级、各类游客5.8万至6.3万人,共接待省、市、县各级领导1.8万人,各地游客29万人,成功举办省、市、县各级会议128期共1.2万人。核桃坝人说,生态休闲旅游还在尝试阶段,希望能将核桃坝人的幸福生活传递给每一位来度假休闲的游客。核桃坝村,绿色之路越走越宽,越走越幸福。

(四)启示

核桃坝村从贫困到幸福之路经过了这样的历程:传统种植自然禀赋差的山区—生态环境建设—生态产品—特色农产品—生态旅游。做到自然、经济、社会之间的有机结合,每一步都需要前期扎实的基础。对于以生态发展为主线的村庄来说,核桃坝村的一些经验是值得学习的。

第一,认清村庄的发展之本,因地制宜。正确全面分析村庄所处的内外部环境,主要包括地域环境、土地环境、人文环境和政策环境,经过多次小范围实验和外部知识的学习,选择适合该地发展的产业。

第二,生态环境的建设除了种植环境的整理,更重要的是需要强有力的领导班子或者成功示范者统一全村发展生态农业的思想。从思想到行为潜移默化地形成一种共识:无公害产品是现在、将来的发展根本。

第三,将生态产品做成特色农产品,特别是一村一品的特色农产品,是农产品生产链的延伸。关于这一跨越,核桃坝村给我们的启示是创造条件让农户和市场多方接触,鼓励一部分农户发展加工产品,甚至从种植队伍中剥离出来。在适当的时候,由村委或者招商成熟企业来组织大规模的产业纵向发展,借助更大的平台来打造品牌,做成特色农产品。同时,它有一个必备的前提,就是需要在当地生态产业发展到一定规模的基础上。

第四,生态旅游不仅仅是旅游过程中欣赏美丽的景色,更强调一种行为和思维方式,认识生态,保护生态,甚至在游客保护生态过程中得到一定的经济利益。核桃坝村的生态旅游刚起步发展,但是其定位明确,思路清晰。以茶饮食、茶风情等为主线,让游客欣赏茶、参与茶、融入茶,并获取村民与游客更高的满意度。

二、脱贫自力村——两路口村

"群众是真正的英雄"

——毛泽东

两路口村坐落于湄潭县复兴镇东南部，距县城 32 公里，距镇政府所在地 3 公里，短短的路程山路崎岖，坑坑洼洼，到县城要耗费 2 小时。全村地域面积 15 平方公里，可耕地面积 2225 亩，人均可耕地面积不足 0.6 亩。3287 人的大村，贫困人口占了 70%，守着几亩薄地靠天吃饭，靠传统种植粮食生计，人均粮食不足 300 公斤，人均年收入不足 600 元。"上半年卖粮，下半年挨饿"就成了两路口村最真实的写照，也使其成为县级一类贫困村。经济贫困是两路口村最迫切需要改变的现实，而思想的贫瘠却是两路口村最大的隐患。当时的村支两委由于管理不善、工作不到位出现渎职情况，整村工作处于瘫痪状态，村民对此颇为不满，信任更是无从谈起。两路口村当时是县级一类贫困村，县政府每年都会向村发放 1000～2000 斤的扶贫救济粮。而这一两千斤不等的扶贫粮不但没有解决村里的口粮问题，反而成为一个棘手问题。每一次发放，村民都不满意不相信，最终导致村民之间、村民与干部间甚至村干部之间矛盾激化。此外，因为贫困而辍学，因为贫困村里恶性事件不断，因为贫困村民无法眷念家乡的土地，大量青壮年外出谋生计，因为贫困村民心生倦怠，甚而出现外出打工的钱汇寄回家后，村民没有用此改善生活，更多的选择了毒品麻醉自己。毒品的流行，且在青年人中的流行足以在短期内毁灭一个村。就是这么一个村，未来的路如何走？新农村建设如何开展？

(一)组建新领导班子，深入农户——内力与外力的统一

2003 年，村里大胆启用刚从贵州省畜牧兽医学校毕业返乡发展的唐书浪为村支书，组建新的村领导班子。领导班子确立后，将整村按照区位地理分成 8 个村民小组，每组村民自选一个村民组长和代表，加上当时的 40 余名党员与村干部，组成民意调查小组，逐家采访逐家询问。只问村民现在最需要什么，需要组织解决什么，对新领导班子有什么要求，同时集思广益让每个村民提出解决的方法。每天天刚微亮，小组成员就入户调查；月上枝头，小组成员还在老百姓家促膝长谈。刚开始，村民们认为调查只是个形式，随着调查的深入，村干部、党员、代表诚恳的态度，实实在在做事的精神感染了每户村民，村民掏心窝地道出了心声，长久压抑的情绪被释放，村民体会到被理解和被尊重。到了调查后期，往往

一天最多只能调查三户，村民们知道，这次两路口村是真的要改变了，而主导力量不是别人，就是自己。

历时半个月的调查结束后，新的村领导整理出 300 余条关于村发展的建议，其中老百姓最关心的也是解决其他社会问题最关键的点就是脱贫发展经济。老百姓已经穷怕了，只有经济上去了，乡村治理才可能实施。唐支书看到汇总的建议结果后，斩钉截铁地说："首要发展经济，其他建议逐条落实。"简单的两句话，支书却知道改变两路口的路漫漫而修远。

两路口村村支书唐书浪介绍该村产业发展状况

(二)抓经济发展，科学规划立体种养——山上种茶，田中养鱼，圈中养猪

村民们年复一年沿袭着传统的农业生产，单纯的种植传统作物水稻和玉米，由于水资源的匮乏，信息的闭塞，他们不敢尝试种植其他作物。干部们深知，多元的增收途径是解决贫困的最根本方法，而一蹴而就的改革在农民中是艰难的。

2002 年国家大力倡导农村发展畜牧产业化，畜牧专业毕业的唐支书找到了两路口村发展经济的突破口。他又自费到省城学习养殖专业知识，扎实地掌握了养殖的技巧，回到家后自己身先力行，除了自己家里，还动员了全村 40 户村民发展养猪。40 户生猪养殖，村支书从建栏到喂料，每个环节都守着，手把手传授养殖知识。4 个月过去了，40 户养殖户的 2000 头生猪出栏了，平均每头生猪利润 118 元，总和 236 元，户均利润 5900 元，财政生猪外运税费入库 34000 元。事实胜于雄辩，这让其他村民看到了增收的希望，下一期的工作也顺利开展起来，

养殖的知识也悄然传播开去。至今,全村约有一半以上的农户养猪,全村生猪共45860头,户均出栏54头。在应对市场风险与自然风险的过程中,两路口村的养殖形成了"自繁自养,种草养猪"的模式,即购进母猪繁殖生猪,当生猪市场价格低迷的时候卖养大的猪,而生猪价格高的时候卖生猪。这不但是一种有效对抗市场风险的举措,还解决了养殖大户购仔猪难的问题。同时为了降低喂养的成本,村民自家种植猪草喂养。期间村民还在村领导的带领下自主成立"生猪养殖协会",协会是个常设机构,主要功能有:组织大范围的规范生猪养殖、定期培养殖技术知识、考察生猪市场以及推广渠道销售等,两路口的生猪养殖走上了一条规范化发展的道路。

两路口村民在发展中思考。2007年,当国家农业部调研组到两路口时,在村支书唐书浪的带领下,协会提出三个稳定发展农户养殖业的建议,此建议一出即得到了农业部高度重视:第一,养殖业要像种植业一样有定期补贴;第二,养殖也需要国家给予养殖保险,母猪一死立即获得补偿保险;第三,生猪发展需要大力普及进入期货市场。此后,得到国务院认可的养殖补贴与母猪保险在全国施行,一些领导同志说:这就是新型的农民。

2008年,两路口村赢来了新的发展机遇,在浙江大学和湄潭县畜牧局的支持下,稻田养鱼项目——青田鱼养殖落户两路口村,当年就实现"稻、鱼"产值210余万元,在实现"稻鱼共生"的同时,更获得了稻鱼种养殖的双丰收,成为当地一大特色致富项目,养殖规模也从2008年的30亩发展到2011年的1000余亩。此外还建成生态茶园500余亩,发展茶叶2000余亩,实现了两路口村产业致富的"山上种茶,田中养鱼,圈中养猪"产业模式。2010年,两路口村人均纯收入达到4700元,成功完成了脱贫的转变。

(三)建有序村纪,为民所想——民主法制自治

荀子在其《劝学》中说道:不积跬步,无以至千里;不积小流,无以成江海。这个关于事物发展的箴言对于村庄的治理也是一样的,特别是对于贫困乡村的治理。循序渐进、脚踏实地、为民所想、民主法制是两路口村建设村纪的主要思路。

两路口村形成以村、支两委带头,充分调动群团组织的作用,积极发挥村民组的积极性,鼓励并表彰村民进步性,多层次地共同治理自己的家园。其中,以村民自治与规章约制尤为显著。

两路口村的村民自治集中表现在决策机制上。海选产生村干部:换届选举前半年,村委将换届选举的通知、选举程序、时间表及选民资格证逐人送到并签字,如外出打工不在家者电话联系,每日发放签单张榜公布。村干部候选人按条件报名,村委会审核并公布。选举当天,由镇政府派专人组织,候选人发表演说,

全村五分之四的人参加投票才有效。公开投票、立即唱票，过半数即当选，选举结果向村民张榜公示一个月。另外，成立独立于村委会的村民委员会，村民委员会由村民代表和村民组长构成，每届任期三年，任期满后和村委会同步进行换届。村民代表按每10户产生1名候选人，由村民民主推荐，村委会监督并将候选人名单按姓氏笔画为序排列，在正式选举前3天向本村村民张榜公布。选举当天，每户选派一名有选民资格的村民参加投票，户数过半选举有效，而同时候选人获得半数以上选票方可当选，当场投票当场宣布结果，选举结果向村民张榜公布。两路口村划分8个村民组，每个村民组设组长1名。村民组长的候选人由该组10名以上村民联合提名或者5户联名推荐，经过村委审核后于选举前3天张榜公布，选举方式以无记名方式，按本组村民投票选举改组组长的方式进行，当场宣布结果并公布。此后，两路口的大小事均须由村委、村民委员会负责。此外，两路口村的基础设施建设、村公益事业的一事一议实施效果非常好，村民们都说政策透明、公开公正；取信于民，言出必行；三权分立，财政透明。一月一次的群众大会，事务公开、财务公开、结果公开；唐支书说："只有这样，村民和村干部才能知道彼此在干什么，在想什么，才能拧成一股绳得前进。"制度是对行为的一种规范，同时也是精神文明的一种丰富。两路口村根据村里的情况制定了相关的制度，促进了乡风文明。如《两路口村村民代表选举制度》、《两路口村村民组长选举制度》、《两路口村罢免村民委员会成员制度》、《两路口村村干部学法用法制度》、《两路口村村民一事一议制度》、《两路口村法制夜校工作制度》、《两路口村村民集中诉求制度》、《两路口村财务管理制度》、《两路口村沟渠管理制度》等。其中2007年制定的《两路口重大灾害救助制度》是一个亮点，是全国2011年全面实施《重大灾害救助办法》前的一个成功案例。制度规定：村民因自然灾害或者病害等原因造成一次性损害达5万元以上的家庭可以申请该救助支援，立项审查后由村干部、村民组长进行宣传公布，由村民组长组织自愿集资筹物，但每户捐钱不得低于10元、捐粮不得少于10斤，所有捐资款项立榜公布，全部用于受灾对象，同时也要监督专款专用。唐支书说，救助办法的制定是源于当时村民罗敏得了脑结核，苦于无钱医治而延误在家。唐支书在第一时间赶到，看到因为疾病而痛苦不堪的乡亲，第二天就召集村委、村民委员会开会决议，号召全村人为罗敏捐款就医。最后共集资30000余元，2000多斤粮食。全村人用爱心挽救了乡亲，同时也让两路口人拥有了归属感和安全感。此后，救助办法又由重大灾害延伸到贫困救助与就学教育救助等。唐支书说，4年来，救助只用过4次，一次是村民家发生火灾，一次是村民患尿毒症，一次是村里一家贫困户小孩生计无着，一次是为村里小孩考上医学院无钱读书而启动。而村民遇到困难就算达到了救助的条件，一般情况下也不提出救助申请，所以后期救助的对象一般

都是老人、小孩及读书学费的问题。而每一次的启动都是对心灵最彻底的洗礼。

美丽的两路口村

2009 年，两路口村荣获国家司法部、民政部联合授予“全国民主法制示范村”称号，在村民和谐的氛围内也完成了新农村的阶段性建设：修通了 5.65 公里的通村公路，人畜饮水工程两个，烟水工程 15.8 公里，农网改造 20 余公里，修建黔北民居 350 余栋，极贫户建房 7 户，危房改造 136 户，亮化村寨 6 个，建沼气池 485 口，建村级娱乐场所一个，村级文化广场一个，图书室两间，村级卫生室一个，完成了学校的改造，硬化公路 7.8 公里，外出农户大量返乡发展产业。脱贫后的两路口村润物细无声地发生着改变，我们已经看到他们用实干的精神书写出一个自我奋斗、自我发展的“美丽”二字来。

(四)启示

对于西部大多数的贫困村来说，两路口村的发展是很值得借鉴的。两路口村乡村治理的过程是：转变意识—提高经济—升华意识，所用措施是“立体农业＋民主法制”。短短的 6 年时间从县级“一级贫困村”到“全国民主法制示范村”，人均收入从 2003 年的不足 600 元到 2010 年的 3000 余元，其脱贫致富之路给了我们以下几点启示：

第一，明确主体地位与发展目标。梁漱溟在《乡村建设理论》中关于民国时期山西乡村禁烟失败说道，非乡村自身生出一个力量来，解决不了这个问题，单靠外力绝对不行。而村组织一开头即标出人生向上，是积极的正面的，其次要极力以启发乡村自力为主，村民自力为主。两路口村的脱贫做法也正是遵循此道而行。重组村委，逐户沟通改善干部群众关系，以民最迫切的目标为村发展目标，明确在脱贫致富、新农村建设中主体力量是农民本身，从意识上完成从“输血”到“造血”的转变。

第二，立足村情，塑新农，促生产。对于人均耕地不足0.6亩的典型人多地少的两路口村，发展经济需要结合村情。没有奇特风光、交通不便、空气清新、水质纯净，最适合发展立体农业，即在单位面积上，利用各种农作物、禽畜的不同特性及其对外界条件的不同要求，通过种植业、养殖业和加工业的有机结合，实现多个农业生产物种的共栖。在多次尝试探索中，终于形成了两路口村“山上种茶、田里养鱼、圈里养猪”的特有农业生产形式。新型农民，不仅从意识上更新，生产能力上的跟进也是至关重要的。多产业的共同发展不但可以扩宽农民的收入渠道，更能提高新型农民的生产能力与对抗自然、市场风险的能力。

第三，“先行者”很关键。在此“先行者”包括两种，一种像唐书浪支书那种具备创新思维、敏锐眼光、实干精神的人，有条不紊地逐步引导推进村庄发展。还有一种就是村里敢于突破尝试的人，在开放度不够大、信息量不够充分的村庄，一种新的生产方式很难开展，思想宣传工作也很困难，此时最可行的就是“先行者”的示范作用，其示范的好坏直接影响跟随者的抉择。因此，“先行者”的选择与示范效果保障很关键。

第四，村民的自我发展不仅仅体现在经济生产能力上，在“仓实”后更应关注村民的精神。以各种方法营造一个“信任、互助、和谐”的村庄氛围，发掘农民自身的社会地位与力量，只有“复苏了农民的精神，发动其进取之心，自治之力”才能实现真正的理想乡村。

三、谢党感恩村——龙凤村田家沟组

湄潭县龙凤村共762户，2658人，田1908亩，土地876亩，户均耕地8亩，人均收入5300元。95%的收入来源是茶叶，整村茶叶面积共5300亩。田家沟村民组共42户，216人，茶园面积402亩，茶叶加工厂5家，2010年农民人均纯收入8000余元。

（一）体恤民生，以民为工作重点——成也农村，败也农村

在城乡差距越来越大的当今中国，湄潭县的城乡比却是最低的，仅为2.75，

远远低于全国平均水平的3.23，更是低于贵州的4.0，这听起来是一个富裕的县份，但是事实上却是：湄潭县每年的财政收入只有1亿元，但涉农的投资款项却高达3亿多元，就是一个这么“偏心”的政府，让田家沟人安全而又有归属感。

1. 土地、税赋改革实验稳民心

土地是农民生存的根本命脉，只有在稳定的土地产权、利民的土地制度上才能谈农村发展。湄潭县早就意识到土地的重要性，从1987年至1993年，就以“土地制度建设及农产品商品基地建设”为课题，开始了第一轮农村改革试验试点工作。试验工作紧紧围绕坚持土地集体所有权、搞活土地使用权、强化土地管理权、提高土地利用率和产出率这一思路，配套试验了农产品基地建设、粮食购销体制改革、非种地资源计划开发、土地金融公司组建及运作、工业小区建设、村级组织建设和农村服务体系建设等项目。为了稳定土地承包关系，鼓励农民增加投入，提高土地的生产率，在原定的耕地承包期到期之后，再延长30年不变。开垦荒地、营造林地、治沙治土等从事开发性生产的，承包期可以更长。为了避免承包耕地的频繁变动，防止耕地规模经营不断被细分，提倡在承包期内实行“增人不增地、减人不减地”的办法。在坚持土地集体所有和不改变土地用途的前提下，经发包方同意，允许土地的使用权依法有偿转让。这些土地制度的提炼不但给当地农民吃了一颗“定心丸”，还为全省的土地制度改革提供了宝贵经验，如“增人不增地、减人不增地”的首创经验，还曾被写进中发〔1993〕11号文件《关于当前农业和农村经济发展若干政策措施》，予以提倡。

2000年年底，湄潭又启动了第二轮改革试验——农村税费改革。改革内容包括合并税种、除费改税、调整税率，即：①取消乡统筹；②取消专门面向农民征收的行政性收费和政府性基金；③取消农村教育集资等各类农村集资；④取消屠宰税；⑤取消劳动积累工和义务工；⑥取消专门面向农村的各种升级达标活动；⑦取消农业税费。

2. 村组管理体制改革激发基层活力

基层组织建设的好坏直接关乎村民的发展好坏，县政府全方位推进村组管理体制改革。

田家沟组现在所在村叫龙凤村，由以前的两个村合并而成，意为两村共同和谐发展，取各自村的大头字合成新村名，又因为在贵州“农和龙”发音相同，故定为“龙凤村”。村组管理体制改革的第一步就是实施撤管理区并行政村，行政小村并行政大村。将原来369个行政小村合并为120个行政大村，村级区划更趋合理，全县村干部由原来的1746人减少到516人。同时配好村级班子，改善了办公环境，给每个合并后的村修建办公楼。

宽敞明亮的村级办公楼

第二步,实施了以"两减两增三在村"为主要内容的村级管理体制改革,即:减少村民组个数、减少村脱产干部职数,增加村组干部报酬、增加机关干部下派职数,建立干部工作在村、生活在村、考核在村的工作机制。全县由原来的120个村进一步合并为118个村,村民组由3201个合并为993个,村脱产干部由484名减少到310名;共下派机关干部390名,其中任村支部书记的有69名,占58%;村支部书记的平均年龄从以前的46.8岁下降到41.5岁。

第三步,建立了五大机制,即:建立干部驻村的留人机制、工资报酬的待遇机制、养老补助的保障机制、办公经费的运行机制、培养选任的用人机制。在留人机制上,加大对村级食堂、住宿等配套设施建设,妥善解决村干部"生活在村"的实际问题等;同时,建立"村(社区、居)脱产干部报酬=基础报酬+业绩考核奖励"的结构报酬制,"基础报酬"按现行在职村(社区、居)干部正职每人每月600元,副职每人每月550元的标准执行,县财政每年预算38.5万元用于"业绩考核奖励"补助。工资报酬的待遇机制,除对村脱产干部每月发放报酬外,还对村级其他干部发放误工补贴,按每年每个村1500元的标准计发,组干部的报酬,按撤并前村民组的个数,每个村民组每年150元的标准拨付到镇(乡)据实发放,并实行重奖一线的考核机制,进一步提高村干部待遇,同时开展两年一次"十佳村干部"评选活动,当选者每人一次性给予现金3000元奖励和授予荣誉称号,实现了用"待遇"留人。在养老补助的保障机制上,对在职村干部采取财政补助和个人缴纳的方式,统一为村干部办理养老保险,对已离任的村干部根据其任职时间的长短,分别给予每人每年240~1500元不等的生活补助。在办公经费的运转机

制上，将村级运转保障经费纳入县、镇（乡）财政预算。村级办公运转经费按4000人（含4000人）以上的村（社区、居）每月1000元、4000人以下的村（社区、居）每月900元标准（县、镇/乡财政1：1匹配）划拨，并每年由县统一为各村（社区、居）订阅4种以上的报刊。在培养选任的用人机制上，在加大选派机关干部到村工作的同时，在村干部选拔任用的基本原则、主要标准、基本条件、选拔渠道、选拔方式、干部教育培训等方面作出明文规定，突出优化班子结构，创新选用方法，并把是否到村任过职作为选拔副科级领导干部的重要依据。

这些村组管理体制改革在各村全面铺开，激发了基层一线活力，同时也稳定了村干部的心，更加坚定了在湄潭干一番事业的决心。

（二）村领导上承下接——政策与民愿融合

老汉今年六十几，为民服务二十载。
不富贵来也不贫，退休回去抱孙子。

吴支书是一个颇有才气的、精神饱满的老人，当我们问到当龙凤村村支书的感触时，他给我们信手拈来一首诗，说这辈子挺值的，见证了利民的变革，也参与了这场变革。赶上新时代、好时光，在当支书的二十年里，看到政策的变迁总是朝利民方向走，县政府大力关注“三农”也使他当支书那几年力有所出，劲有所使，完成了自己的使命。退休了，最好的状态就是“不富贵来也不贫”，抱抱孙子安享晚年。

1. 村干部眼中政策与民愿

吴支书说，龙凤村的村民愿望很简单，“不饿肚子唱唱歌，出门青山进门茶”，希望生活在无污染的青山绿水之间，农忙时有田种，收获时有钱入，农闲时听听花灯戏，仅此而已。民所想的正是政府所做的，政府所做的却远多于民所想的。

——全省大力发展茶产业，实现绿色生态富民。正如龙凤村村民所看到的一样，湄潭这块土地，湄江河流过的地方最适合种植的是茶叶。这块土地，不仅有适合茶叶生长的自然条件，也有茶文化的厚重情愫所在，更有勤劳而热爱绿色的茶农所在。茶叶就是湄潭人的发展绿芽，通过打造示范点、推广种植技术、培育龙头茶企业、完善茶交易市场等各种方式直接或者间接地发展了茶产业。从不足10万亩的茶园发展到现在的30万亩茶海，再到“十二五”规划的40万亩茶园，湄潭势必要把顺民所定的主打产业做活做大。

龙凤村人早就意识到种植茶叶的益处，练就了一身种茶的好手艺。在这儿，经营好一亩茶只需要一个劳动力，平均亩产茶400斤。今年到龙凤村收购茶青的价格是30元每斤，如果加工干茶的话，4斤茶青可以加工成1斤干茶。也就是说，在龙凤村如果你只是单纯的种植茶叶，卖茶青的话，光茶叶的亩均收入就是1200元，户均8亩则收入可高达9000余元。如果自家开设加工作坊的话，平均年收入能高达10多万。茶叶给龙凤村人带来的收益是可观的，95%的收入是来自于茶叶的。在这，没有过多的土地流转，没有过多的组织形式，家家户户种植茶叶。在这片土地上，种植民众最想种植的东西，政府也倡导着这种做法，这就是一方耕种的乐土。

——营造宜居的劳作、生活环境。很多地方民富了环境却没了，但是在龙凤村，民富了，自然环境却更美了。湄潭始终把建设生态文明放在首位，在明知工业能快速拉动经济，在众多工业企业欲往湄潭建厂发展时，仍然谨慎选择，种植乡村坚决不允许高污染、高耗能企业进驻，宁愿穷了财政也要维护属于人民的青山绿水。

美丽的龙凤村

在新农村建设富民这场变革中，湄潭做了许多事：加强公路建设，由政府多渠道筹集资金300多万元，新(改)建通村通组公路、联户路、串寨路22条计18余公里，实现了村村通路。

湄潭县建设的村级公路

改善居住环境，由财政户均补助7000元(最高补助2.5万元)建设与自然风光相得益彰的黔北民居，推广实施乡村清洁工程和“五通三改”(通电、通水、通路、通电话、通广播电视，改变居住环境、改厕、改灶)，实施人畜饮水工程，100%的农户通了自来水；农业生产环境，投入资金600万元，实施以农田水利为重点的农业基础设施建设工程，修建了农业灌溉提水站、修建了机耕道8公里。推进农村保障制度，农村低保实现了应保尽保，新型农村合作医疗参保率达100%；启动了新型农村养老保险试点工作，参保率达90%以上，解决了村民就医难和养老难问题。

参保农民领到养老保险金领取证和邮政储蓄存折(卡)

龙凤村村民所愿的事就是能呼吸清新的空气，饮用清洁的水，食用无污染的食物。而现在政府为民所做的事多于此无数倍，细节到出门、就医、上厕所、打电话等。

吴支书说，在龙凤村，80岁高龄以上的老人有60余人，是典型的高寿村，很重要的一个原因就是劳动愉快而生存环境优异。

2. 政策的实施与落实

在政策优于民意的前提下，政策有了很好的实施基础，对于龙凤村而言，每一项政策都得到了民众的理解与支持，但同样也离不开村干部为民众所做的工作。

龙凤村历届村委工作有两个原则，一是打通无障碍的透明通道，二是以群众利益为先。

透明通道包括纵向通道和横向通道。上级政策到达村要快速而不走形，上级补贴如粮补、茶园补贴、玉米补贴等直接由财政厅打入每个村民账户，中间没有克扣、没有时间的延误等。横向通道包括村干部选举、村财务收支、村经济发展、村一事一议等都是张榜公开，透明而公正，诉求通道畅通。吴支书说，村干部就是起承上启下的作用，上要知道下在想什么，下要理解上的政策缘由，政策实施情况；左右互通，即村间所有事要坦坦荡荡。

以群众利益为首是龙凤村村干部的优良传统。吴支书说，当时在选择本地发展何种产业经济时，是一个艰难的决定。既没有其他村良好的示范点做参考，村内也没有创新的带头人，在不确定的情况下绝不能用老百姓的命根——土地做实验。最后的结果是，一部分村干部用自己家的土地来实验种植当时争执不下的中草药，另一部分村干部同样用自己的一亩三分田种植茶叶。一试就是三年，三年后茶叶的长成普遍要好于中草药，且销路渠道宽于中草药。于是村干部指着已经到收成时节的茶叶说，我们龙凤村就发展这个，不过我们老百姓要做好三年后才能完全收益的准备。就为了这么一句话，一个事实，种植试验作物的村干部三年家里只有糊口的米粮，没有添过一件衣服，没有买过超过100元的生活用品。但是他们没有抱怨，没有后悔，村干部有一句话："我们世代都是农民，也苦过，也看到别的农民苦过，现在我们想要过好日子就要这么做，值得!"这正同于梁漱溟曾在一次讲演中说到的：以出家的精神做乡村工作。

(三)村民知足、勤勉、感恩——塑新型农民

赞龙凤村

龙凤风景赛花溪，就地一有果不虚。

四季满山多秀色，云贵山川独一特。

吴支书现场挥墨一书，写下了一首《赞龙凤村》。他说，龙凤村的"独一特"表面看是一特，其实是两特，龙凤村的两块宝。一特是诗面所看到的自然风光好，龙凤村所处的地貌好，由于种植茶叶，从上至下保护环境，龙凤村的生态好。还有一特是龙凤村村民的素质好，意识好。

村里像吴支书这样能赋词、能挥毫、能歌曲的人很多，虽然没有受过很多的高等教育，但是由于传统文化在此保留较好，所以这里的村民文化素质很高。

1. 村民知足而感恩

祖辈口口相传的历史，被地主压榨食不果腹，三年灾害欲哭无泪，家庭承包制个个有动力，三中全会暖心窝，新农村建设稳了田，退了税还给补贴等，龙凤村各家用各家人的故事讲着同样的历史变革，从小到大，耳濡目染，龙凤村的每个人都感恩于这个新时代。

吴支书说，人要知道感恩自足，不要老惦着别人给你多少，应该多想你给了

别人多少。支书说，有次在村里闲聊，听到一个跑客运的年轻人一直在抱怨今年的车油补贴怎么还没有下来。支书就忍不住当场教训起来了："开车是你自己谋生计的活路，政府补贴是刺激你工作的积极性增加你的收益，是对你的好。你怎能因为政府额外对你的好晚到一点就埋怨抱怨政府呢？这和咬农夫的蛇有什么区别？你回头再想想你给政府给党奉献了些什么，无求回报地做了些什么？"几句话说得对方哑口无言，心服口服。"你回头想想你给政府给党奉献了些什么，无求回报地做了些什么，而政府又为你做了些什么？"这几句话，从此成了龙凤村人行为、思考的自问句。

2. 村民和气而勤勉

和气及合，邻里之间、干群之间彼此敬爱，融成一体之情。随着生活的富裕，邻里之间因为一分半分利益而起的争执，现在都一笑而泯之。以前的小偷小摸现象完全杜绝，支书说，大家都算清楚了一个账，用这么多时间和精力去做坏事得到一点点见不得光的利益，还不如用这些时间和精力多种一亩茶。村里互助互爱的事情比比皆是：谁家要修改房子，门前门后吆喝一声，砌砖粉墙有人帮忙；谁家红白喜事，村委搬出投影仪免费播放影片；谁家娃读书，全村老少爷们齐祝福等。支书说，龙凤村很少有人举家外迁，就是舍不得这里的邻里乡亲。

龙凤村村民农闲健身

龙凤村人的勤勉，不光是勤劳，在土地上辛勤耕种，更多的是在工作上自得其乐。明前采茶时，家家户户劳动者，早起到茶园忙，深夜还在屋里整理茶青。

但如果你亲临现场，你会发现这是一个很温馨的画面：茶园里，采茶灵手翻动，汗流浃背，每个人却专注而喜悦，间或能听到或高或低的采茶歌。夜深了，龙凤村却没有安静，家家户户亮着灯，剪影倒映在窗上、墙上，是村民带着希望的劳作样子。

3. 村民传统而朝气

龙凤村村民的传统是对遗留下来的传统文化的尊敬，对优良传统文化的继承。吴支书说，龙凤村幼儿园的启蒙教育是三字经，农民每月两次的定期培训最多的内容是百家讲坛，村民爱好书法、诗词，村组织民间花灯戏团时常组织演出，喜欢谱点新曲唱点新歌，龙凤村的每个人都是爱生活的人。

同时，龙凤村的村民也计划着未来：引进、学习、掌握高科技农业；加大旅游开发，特别是凤凰山山脉成片的花海世界，可以设置观赏花卉、品茶凉亭、探索奇山异洞；产业结构调整，做好茶产业的补足产业，包括茶海生态旅游、茶园农家乐，等等。

（四）启示

龙凤村的典型不在于经济建设的最好，也不在于民主治理的最好，她的典型在于上上下下，从县政府到村干部到村民的互相理解、互相认同，这才是和谐的真正寓意。

第一，对上层来说，为民谋福利单靠对他们同情发放补贴是不够的，替他们做也是不够的。重要的是搭建一个平台，一个顺民意发展的平台，启发农民自己的力量，用农民自己的双手来达到农民自己的要求。

第二，对龙凤村的村组织来说，理顺政策与民意之间的关系，让上层知道民意所在，让村民理解政策源何所为，让上下互通，不抱怨，多理解。这一点是开展工作的良好基础。

第三，对龙凤村的村民来说，新型农民应该是除生活富裕、生产能力提高外还应有的“和气”、“勤勉”与“知足”、“感恩”。

第四，在上有政策、中有原则、下有认识的龙凤村，各方往一个地方用力，新农村建设收获的不仅仅是经济富裕，更多的是和谐的民心与民风。

四、务工兴农村——马山镇清江村

清江村现有住户 1327 户 5307 人，人均可耕地 1.2 亩。

(一)清江村的难题——二元结构凸显

村支书笑着说,清江村是典型的西部落后地区的缩影,如果要能把清江村的问题解决了,西部地区的问题也就不是问题了。

1. 清江村的"二元结构"

清江村的居民聚居大体可以划分在两个不同的区域,简称是山里和路边。80多年前,清江村的所有居民都居住在离现在湄汶线公路线50里开外的山里面。随着农村改革的推进,商品经济的流通,一部分人逐渐从山里走出来,沿着公路边修建房屋,零星从事一些商贸活动。2003年新农村建设,交通大大完善,越来越多的清江村人从山里走了出来,逐渐形成了现在的居住格局:固守在山里的村民和沿路发展的村民。

村支书告诉我们,由于早期山里的村民近亲结婚,且普遍受教育程度不高,思想比较僵化,因此山里的村民生活环境不是很好,人均年收入仅仅只有2000余元。而路边的村民却因为早期多是有胆有识的年轻人,所以现在路边的大多是受教育程度较高、素质较高的村民,人均年收入能到达4000余元,这个典型的二元经济问题,困扰着清江人。

2. 清江村的"外出务工村"

村支书给我们算了一笔账:一个成年的男子,现在在广东打工,如果做建筑工,最简单的工种一个月能挣2000元,除去基本的吃和住,一个月能节余1000元,一年就是12000元,减去回来的路费和其他开支,出去打工一年能存10000元。如果留在清江村耕种的话,年均收入是4000元,减去吃、穿、用等基本开销,年存款最多是2500元,也就是说外出打工收入是在家耕种的4倍。所以,清江村三分之二以上的青壮年外出务工,是一个典型的外出务工村。而其他地方留守村庄的所有问题清江村曾经都有,如社会治安、土地撂荒、留守儿童教育问题等。

(二)清江村的变通——化零为整法

所谓穷则变,变则通。清江人努力着把这个社会缩影变通,治理出一个清江新农村。

1. 以"黔北民居"为切入点

2006年,湄潭县大力开展村容整治,设计出"小青瓦、坡屋面、穿斗枋、雕花窗、转角楼、三合院、白灰墙"的黔北民居风格住房。

该住房外观上不仅能与自然和谐融合,也通过对层高、建筑材料的要求达到了高效防漏防晒功能。按规定,得到政府补贴的黔北民居的建筑面积不得低于120平方米,如困难户可多家共建。

清江村干部在县政府黔北民居建设直补到户的大好优惠政策下,鼓励村民规范建筑,集中居住,通过集中房屋的建设,置换出宅基地1000多亩,为下一步深入开发提供了宝贵的土地资源。

黔北民居

2. 引进产业,推动土地流转,规模种植

清江村的土地零碎化程度很高,往往一户4亩田会分在5个不同的地方,且规模不定,或是长长的一条,或是短短的一块。大量成年劳动力外出打工,撂荒现象严重,就算私下将土地轮流给乡邻打理,也往往"草长而莺飞"。对于世世代代赖以土地生存的清江人来说,土地的荒废就是生命的浪费,留守的清江人要照顾好这块土地。

村干部根据清江村的种植环境,决定大力发展茶和猕猴桃。他们引进一家大型茶生产企业和猕猴桃种植专业大户,以村的名义推进土地流转,发展规模种植。

首先,通过召开村民会、村民组长入户沟通等形式,在征得广大群众认同的前提下,以村委会名义与企业、大户签订种植承包协议。协议规定清江村将集中成片土地在规定期限内(通常是20年)租给企业,企业负责种子的购买和统一的种植、管理与销售,土地的管理权归属企业。同时,企业以现金的方式将租金支

付给村委会，租金以逐年递增的方式交付。企业在土地用工期间，要优先考虑雇佣出租地农户，并按照当时的市场价直接支付每日的雇佣费用。

接着，村委会和每户农户签订土地流转协议。按企业和村委会签订的种植承包协议条款与农户签订土地流转协议，保障每户农户的基本租金收入的同时还能获得雇佣费用，大多数的农户都愿意选择这种规避市场与自然风险的做法。但是也有不愿意流转的村民，村委会就会动员其他愿意流转的村户置换同质的土地，置换协议同样也由村委出面签署。

签署的过程很繁琐，更难的是要打破清江人传统的种植习惯，对土地的依赖习惯。村支书说，不管多难都要进行下去，只有这样才能引入新的经济活力。

3. 效益凸显

以村委作为中间人的土地流转制度改革，虽然早期碰到很多的困难，但是随着时间的推移，效益逐渐凸显，清江的变化就在眼前。

土地资源的高效利用，大量荒废的土地长出了绿芽，零碎分散的土地规模化种植。清江村村民的收益也凸显出来，稳定基础生存保障的清江人从土地种植中脱离出大量的时间和精力，更多的从事公路沿途的商贸经济，增加了非农收入；山里面的清江人，从以前单纯的种植粮食和苞谷开始学会科学种植茶叶和经济作物，从封闭的群山里交流到外面企业的介入，接受了更多的信息，了解了更多的世面，同时由于规模种植节约了很多的劳力，山里的人逐渐将小孩送出山送进了学校。村支书自豪地告诉我们，从引进产业化种植开始，山里已经有 10 多个小孩读完了高中，今年好多个孩子都准备考大学了。只要小孩走出了山里，山里的封闭状态就有希望打破，清江村的二元结构就有望打破。

(三)清江村的思考——内外力结合

清江村在变化，从零零星星高低不平到现在整齐划一的种植，从人均收入不足 600 元到现在人均收入 3000 元，从山里、路边泾渭分明的住房到现在逐渐连通的黔北民居建设等，无不透露着清江人的满意。而更大的改变却是发生在清江人的心里，清江人开始更多地思考明天了。

1. 打工队伍的改进

村支书说，其实清江村是鼓励青年人出去打工的。一方面增加了家庭收入，同时接受了外面实践知识的洗礼，大量返乡的打工者开始创业，拉动了其他非农经济。如村里一个“80 后”，打工回来后，用积攒下来的钱将山里的住房迁移到了路边，开了一家酿酒作坊。传统的酿酒作坊需要用大锅一天 24 小时不间断地小火熬，每天需要劳力 4 个。而这位年轻人购进了一个大锅炉，每天只需要 3 个小时的熬治，劳力也减少到了1个。另外，酿酒剩下的酒渣是喂猪的好饲料，年轻人就在屋后养上了20头猪。这样的循环经济使得年轻人在短时间里就成为了村里的致富者，并且带动了更多人创业。另一方面，外出打工后，村里的工作开展更加顺利，村民间的关系更加融合。如黔北民居的改造，最容易推动的就是外出打工的家庭，因为打工在外的年轻人容易接受新思想新举措，也鼓励家人积极参与。邻里间的互帮互助现象就更多见了，良好的乡风文明已蔚然成风。

“但是外出队伍过于零散，从事职业也是简单的体力劳作”，支书说道，“这不利于长期的发展。我们时常对年轻人说，读好书以后再出去，有组织有保障地外出，家里的人才放心，这样出去的人才能更大程度地改变清江村。”

怎样引导建立一个有通畅信息渠道的，具备相应外出能力，有竞争力的，有组织有保障，最终能服务和利于家乡长久发展的劳务经济，是清江人现在思考的一个问题。

2. 经济发展的可持续性

现在的清江经济发展更多依赖企业的技术、销售市场，只有发展清江自己的经济才能持续且独立。清江人在思考，湄潭今天靠茶叶，如果茶叶不行了，还能靠什么呢？

大力发展清江村自己的种植大户，村委做好市场服务工作。这些年，清江村村民开始尝试种植猕猴桃，先是小范围的种植，继而扩大面积发展更多的种植面积。但是今年，猕猴桃突然长了很多虫子，村民请了县里的农技专家也没有解决虫害。村支书说，我们再看看，如果不行我们就改种其他作物。总之，要发展自己的生产力，找寻一条适合清江发展的可持续之路，同时主动融入市场。

3. 清江村的二元性

清江村的路边、山里差距还是存在的，不仅仅是住房的距离位置，更多是心里的差距。“要消除二元性还需要更大的努力。将书屋、学习室、文体娱乐室尽量建在山里，鼓励更多的山里小孩山外读书，同时在村委的构成中也尽量向山里村民倾斜，树山里典范，从正面引导山里村民的积极性。总之，建设家园不是一朝一夕的事，所有的事都一步一步地来，只要朝好的方面走就对了。”村支书点起一支烟，望着远处的山里对我们说道。

(四)启示

清江村在湄潭的所有村中经济发展并不算最好，但却是最注重本村的实际情况而发展和思考的村，其可借鉴之处如下：

第一，对于村民力量相对较弱的村庄(大量青壮年外出打工、留守村民受教

育程度不高等)，发展初期家长式的村级管理是必要的，但要避免独断专横的管理方式。对于新事物的引进或者新制度的创新，村级干部尽量选用已经被实证运用较好的其他村的案例，由外部示范性带动。另外，有经验，有眼光，尊重农民的村干部也是发展的必然要求。

第二，消除村里的两极分化最直接的方法就是拉平两极的经济以及发展生产力。如果无法通过模仿学习，或者能手培训等方法拉平村内分化，那么引进外部更先进的生产方式是可行之策。清江村通过引进企业，发展茶、烤烟等湄潭经典产业，通过以村委为中间人的土地流转方式，组织产业化生产，以外力拉动本村经济，促进生产发展的同时也最大限度地缓解了村级经济二元结构的扩大。

第三，借外力可发展一时，但长期的发展还需要提高自身的发展能力，包括外出打工的能力、在家务农的技能以及发展其他产业的创新能力。

第六章

绿色富民湄潭建设模式的体制机制与经验启示

湄潭是一个典型的内陆山区农业县，境内地貌类型多样，山丘广布，气候温和湿润，雨量充足，自然条件优越，生态环境良好，人文底蕴深厚，是名副其实的“鱼米之乡”、“名茶之乡”，素有“高原明珠”、“云贵小江南”之美誉，被外界称为“烟县、酒乡、茶城、粮仓”，具有得天独厚发展生态旅游的优势。近几年来，湄潭县从“缺乏地下资源、缺乏工业基础、缺乏大城市依托”的基本县情出发，按照“生产发展、生活宽裕、乡风文明、村容整洁、管理民主”的要求，坚持以科学发展观统领经济社会发展全局，从广大农民群众最关心、最直接、最需要解决又能够解决的事情做起，立足县情实际，坚持“生态立县、特色兴县、产业强县、旅游活县”战略，以“四在农家”创建活动为载体，以农业产业化发展为支撑，以村庄整治为重点，以黔北民居新村建设为标志，协调推进农村经济建设、政治建设、文化建设、社会建设和党的建设，积极探索加强“三农”工作的新途径、新机制，以“绿色发展、富民新民”为特征，走出了一条具有湄潭特色的新农村建设模式，不断推进“文明建村、发展强村、民主理村、依法治村”进程，全面推进农村改革发展，全面融入遵义“东部开发”战略，取得了物质文明建设、政治文明建设、精神文明建设和生态文明建设的丰硕成果。

一、绿色富民湄潭建设模式的背景

湄潭是一个具有光荣革命历史、深厚文化底蕴的红色革命根据地和绿色生态家园。1935 年，中国工农红军长征过境，播下了革命的火种。抗日战争爆发后，1939 年浙江大学“文军长征”，西迁遵义湄潭七年有余。湄潭人民以高度的人文精神，全力支持浙大办学，使浙大在战火纷飞的岁月里创造了高等教育的奇迹，培育了一大批蜚声中外的科技教育人才，获得了“东方剑桥”的美誉。

无论是革命战争年代，还是社会主义建设和改革开放时代，这块红色土地上的人民始终发扬勤劳勇敢、自力更生、艰苦奋斗的优良传统，弘扬敢为天下先的创新理念和与时俱进的求是精神，不断探索建设绿色生态家园的发展之路，不断实践改革创新之路。

改革开放之初，湄潭成为农村改革的先行地。贵州省湄潭农村改革试验区是根据中共中央 1987 年 5 号文件《关于有计划地建立改革试验区》的精神，在时任贵州省委书记胡锦涛同志亲自倡导和支持下，贵州省委省政府在做了大量的调查研究基础上，针对全国推行家庭联产承包责任制后出现的新情况、新问题，与中央有关部门商定、结合湄潭发展商品经济的基础条件，经国务院批准设立的贵州省最早的一个国家级农村改革试验区，被列入全国 10 个农村改革试验区之一。

湄潭成为试验区以来，前后经历了 20 余年共四轮的改革：

1987 年至 1993 年，湄潭试验区进行了第一轮农村改革试验试点工作。试验课题内容为“土地制度建设及农产品商品基地建设”。试验工作紧紧围绕“坚持土地集体所有权，搞活土地使用权，强化土地管理权，提高土地利用率和产出率”这一思路，配套试验农产品基地建设、粮食购销体制改革、非种地资源计划开发、土地金融公司组建及运作、工业小区建设、村级组织建设和农村服务体系建设等项目。按照科学的试验程序，有组织、有领导、有计划、有步骤地出台了一系列改革政策措施，使试验产生了明显的政策效应和良好的社会效果。作为第一轮改革成果，中共贵州省委六届三次、六届六次、八届二次会议上，肯定了湄潭试验区的主要经验，并提炼成省委的决策，写进了会议决议；贵州省七届人大十二次会议通过颁布的《贵州省实施〈中华人民共和国土地管理法〉办法》，多处吸收了湄潭改革试验的主要成果；1993 年 11 月，中央农村工作会议形成的中共中央、国务院《关于当前农业和农村经济发展若干政策措施》即中发〔1993〕11号文件中，分土地延包、土地流转和增人不增地三个层面吸纳了湄潭试验的成果。为了稳定土地承包关系，鼓励农民增加投入，提高土地的生产率，在原定的耕地承包期到期之后，再延长30年不变。开垦荒地、营造林地、治沙治土等从事开发性生产的，承包期可以更长。为了避免承包耕地的频繁变动，防止耕地规模经营不断被细分，提倡在承包期内实行“增人不增地、减人不减地”的办法。在坚持土地集体所有和不改变土地用途的前提下，经发包方同意，允许土地的使用权依法有偿转让。特别是“增人不增地、减人不减地”的政策措施还写进了中发〔2008〕8号文件关于人口计生工作的决定中。时任国家农业部副部长万宝瑞在全国农村改革试验区第八次工作会议上特别提到：“湄潭试验区首创‘增人不增地、减人不减地’的经验，为中央有关文件所采纳，予以提倡。”

1994年至2000年，湄潭试验区根据全国农村改革试验区第八次工作会议的安排，承接了“农村税费制度改革”课题。主要内容有：租费改税、税费合并（即将教育附加费、民兵训练费、全面优抚费、计划生育费、乡村道路维修费五项乡统筹和村级管理费、土地使用费、公益金三项提留全部改为农业税地方附加，并入农业税）；稳定征量，人地分账，合理计划，取消定购中的部分，税赋征实，统收分支，建立基金。通过7年的改革与实践，不仅稳定规范了农民负担，逐步减轻了农民负担，而且促进了粮食购销体制改革，实现了税费管理的规范化、制度化，取得了较为完整的阶段性成果。1998年11月，中共贵州省委八届二次全会《关于进一步加强农业和农村工作中的决定》明确：认真总结推广湄潭县农村税费制度改革经验，分期分批在全省推行；农业部农改发〔2000〕1号文件指出：湄潭试验区进行的农村税费改革试点，为中央制定全国性的税费改革试点方案起了重要参考作用。

2000年年底，湄潭试验区继续承接了全国农村改革试验区“农村税费改单与基层组织建设”试验课题任务。主要内容有：(1)合并税种、除费改税、调整税率（即：①取消乡统筹；②取消专门面向农民征收的行政性收费和政府性基金；③取消农村教育集资等各类农村集资；④取消屠宰税；⑤取消劳动积累工和义务工；⑥取消专门面向农村的各种升级达标活动；⑦取消农业税费）；(2)稳定承包土地，核实计税面积；(3)调整常产，核实税赋，保持稳定；(4)两种征收方式，方便农民交纳；(5)规范管理制度，建立监督机制；(6)精简乡镇党政机构；(7)积极推进乡镇事业机构改革；(8)加强村级建设，发展集体经济。2001年，湄潭被贵州省委省政府批准成为全省农村税费改革三个试点县之一。湄潭县委县政府本着对历史负责、对人民负责、对上级负责的原则，率先在全省开展农村税费改革，试验试点产生了明显的政策效应，取得了阶段性成果：减轻和稳定了农民负担，规

范了农村分配关系，理顺了财政管理体制，农民负担监管管理机制日益完善，加强了基层组织建设，密切了党群、干群关系，取得了良好效果，同时为贵州和全国农村税费改革的配套改革提供了宝贵经验。尤其是2001年湄潭试验区提出并实施的“均衡减负，户户减负”的改革措施，与国务院2003年《关于全面推进农村税费改革试点工作的意见》（国发〔2002〕12号文件）强调的“村村减负，户户受益”的政策相一致。

湄潭农村改革试验区自2008年承接贵州省委省政府安排的“以土地制度建设和户籍制度改革为突破口，推进统筹城乡发展”的试验课题，开启了第四轮农村改革实验。在课题实践过程中，由于户籍制度改革的诸多条件不成熟，经请示省有关部门领导同意，取消了户籍制度改革课题的实验，继后，黔委厅字〔2009〕44号文件要求湄潭试验区以“一个主题、三大任务”深化改革，主要是以土地制度建设为主题，加快农业产业化发展、新农村建设和城镇化发展，配套农村金融体制改革，着力深化影响和制约统筹城乡发展的体制机制改革。

自2006年年底以来，湄潭县认真学习践行科学发展观，紧紧抓住“统筹城乡发展、建设社会主义新农村”这一中心任务，在充分认识县情的基础上，寻找实践科学发展的突破口，果断调整思路和战略，按照党中央新农村建设“二十字方针”的要求，坚持农村物质文明建设、精神文明建设与生态文明建设一起抓，广泛开展富、学、乐、美“四在农家”创建活动。湄潭县委县政府确立“抓三基”（基础教育、基层组织、基础设施）、“兴三业”（绿色农林业、绿色加工业、绿色旅游业）的方针，探索西部欠发达地区社会主义新农村建设的新路子。同时，利用当地农业自然资源丰富、气候条件优越、生物种类多样等有利条件，把市场化、特色化、品牌化、产业化的新农业作为富民的支柱产业，按照“制定一个规划、建好一批基地、扶强一批企业、打响一个品牌、培育一个市场、形成一大产业”的发展思路，做大做强茶叶、烟叶、优质米等特色农业、优势产业，并以黔北民居新村示范点建设为标志，以村庄整治为重点，以加强公共服务、活跃文化活动、倡导文明新风为抓手，全面推进农村新社区和农村精神文明建设，着力构建和培育“绿色发展、富民新民”的体制机制。通过几年的努力，全县规划建设“四在农家”创建点195个，成规模、上档次的黔北民居新村示范点111个，实施村庄整治点819个，新（改）建黔北民居15088户；基本实现了县有示范带、乡（镇）有示范村、村有示范点、组有示范户，直接受益8.5万农户35万人，占农户总数的77.4%和农村总人口的83.3%。示范效果明显，深受群众欢迎，开创了全县社会主义新农村建设的新局面，“绿色发展、富民新民”的湄潭新农村建设模式初具规模。

二、绿色富民湄潭建设模式的体制机制创新

"仓廪实而知礼节。"一方面,生产发展是新农村建设的首要任务,否则,新农村建设难以启动,即使启动也难以持续发展。因此,湄潭以"绿色发展"为目标,坚持"咬住青山绿水不放松、扭住特色产业不动摇、锁定绿色工业做文章、依托生态旅游求突破"的发展路径。另一方面,要统筹城乡协调发展,就必须树立藏富于民、让民先富的理念,通过"生产发展"富民新民,把增加群众收入放在首位。因此,绿色富民湄潭建设以加强农村公路建设和农业基础设施建设为基础,紧紧围绕"稳定烤烟产业,突破茶叶、畜牧产业,做大做强茅贡米业"的产业发展思路,抓住重点、调整布局、突出特色,强力推进农业产业化,实现"富在农家",使农村"生产发展"、农民"生活宽裕";围绕"乡风文明、村容整洁、管理民主",坚持"文明塑人",以改善居住条件为基础,着力提高农民文明意识和整体素质,推进农村的文明进步。

(一)坚持生态立县战略,打造"生态屏障"

在贵州省委省政府和遵义市委市政府"生态立省"、"保住青山绿水也是政绩"和"三化一新"、"三新一强"战略思想的引领下,湄潭县立足优势、突出特色、解放思想、开拓创新、求真务实,切实加大生态环境保护力度,大力实施退耕还林、封山育林、植树造林、河流污染治理、渔业保护,并配套严管重罚等行政手段,关停小煤窑,取缔污染企业,修建污水处理厂和垃圾填埋场,坚定不移地把绿色生态作为立县之本来抓,湄潭县以保住青山绿水为突破口,坚持生态立县战略,加强生态文明建设,为"绿色发展、富民新民"塑造了良好的"生态屏障"。

湄潭县是国家环保部 1998 年批准的全国生态示范区建设试点地区之一。建设试点工作开展以来,县委县政府采取了一系列措施加强建设试点工作。通过几年的建设,全县生态环境明显改善,经济、社会、环境得到了全面、协调、可持续发展,取得了显著的经济、社会和环境效益,走出了一条"经济生态化、生态经济化"的特色发展路子。2005 年 10 月通过了省和国家验收,2006 年 3 月国家环保部正式命名湄潭县为"国家级生态示范区"并授牌。同时,湄潭县以新农村建设为切入点,全面完成了《湄潭国家级生态县建设总体规划》、《湄潭县农村环境保护规划》、《湄江河生态保护与开发利用总体规划》等专项规划的编制工作,为加强生态文明建设奠定了基础。目前,全县森林覆盖率已达 56.5%,并获得了"国家级生态建设示范区"、"国家级生态农业示范县"、"全国三绿工程茶叶示范

县”、“全国无公害茶叶生产基地县”、“全国优质烤烟生产基地县”、“全国优质商品粮油生产基地县”、“全国优质瘦肉型商品猪生产基地县”等一系列荣誉称号，后发优势日益凸显，为实现湄潭经济区“绿色发展”建筑了坚实的“生态屏障”。

(二)加大农业结构调整力度，做实产业基础

以茶叶产业为突破口，扭住特色产业不动摇，加大农业结构调整力度，建设国家现代农业示范区，做实“绿色发展、富民新民”的产业基础。湄潭结合县情提出了“着力突破茶叶产业、做大做强茅贡米业、巩固提升烤烟产业、加快发展畜牧业”的特色产业发展思路，加大农业结构调整力度，特色优势产业迅猛发展，跃升为全省唯一的国家现代农业示范区，全县形成了“茶、米、烟、畜、椒”等优质农产品支柱产业。

首先，以推进茶产业快速发展为突破口，强力推进标准化建设，倾力打造“中国茶城”。湄潭是中国茶树原生地之一，是贵州最大的茶叶生产基地县，是我国西南地区唯一获得“中国名茶之乡”称号的名优茶生产县，素有“贵州茶业第一县”之称。湄潭有良好的生态环境和地理条件，有雄厚的科研和人才优势，有厚重的茶文化底蕴。湄潭县紧紧围绕“制定一个规划，建好一批基地，扶强一批企业，打造一个品牌，培育一个市场，形成一大产业”的发展思路，强力推进茶产业的快速发展。近年来，湄潭在历届县委县政府奠定的坚实基础上，按照省委省政府“在贵州茶产业发展中起引领、示范作用”的要求，坚持高位认识、强力推进，取得了明显成效。2010 年新增茶园 22.5 万亩，总面积超过 32.5 万亩，其中投产茶园 16.5 万亩，茶叶产量 15060 吨，产值 9.13 亿元，茶业综合收入近 14 亿元，先后荣获“中国名茶之乡”、“全国重点产茶县”、“全国特色产茶县”、“最受百姓欢迎产茶地”等称号，全县上下正全力打造“中国茶城”；“湄潭翠芽”获“贵州三大名茶”殊荣，品牌价值达 7.69 亿元，以“湄潭翠芽”为主的名优茶先后 48 次获得国家级金奖，茶产业带动的劳动就业已达 10 万人以上。目前，茶叶加工体系完整并全面实现了现代化、规模化、标准化、清洁化要求，茶多酚、茶籽油等茶业深度开发不断深化，茶叶产业链不断拉长，茶业综合效益不断提升，规模以上涉茶加工企业 38 家，有国家级龙头企业 1 家，省级龙头企业 1 家，市级龙头企业 7 家，茶农 20 余万人，茶叶专业村 20 个，省内外“湄潭翠芽”茶叶专卖店达到了 315 家。2009 年“湄潭翠芽”在贵州“十大名茶”评比中获总分第一名。

其次，做大做强茅贡米业。以茅贡米业公司为龙头，按“公司＋协会＋农户(基地)”的产业经营模式，以协会为纽带，坚持在核心基地推行水稻种植保险，通过财政与企业共同为农户办理保险等扶持措施，核心基地成倍增长，基地总面积达 20.5 万亩，有优质稻米基地 15 万亩，生产的“茅贡”牌优质大米连续五年获全

国优质大米博览会金奖，被誉为“中国第一米”，仅优质米业每年就为稻农增加收入4000余万元；“茅贡牌”大粒香米连续五届荣获中国稻米博览会金奖。

第三，巩固提升烤烟产业。现代烟草农业格局基本形成，投入2.33亿元建设烟水配套工程61处、密集烤房2887座、烟叶工场6处，现有优质烤烟基地8万亩，集中连片种植8万亩，常年收购量16万担以上，成为上海烟草集团“中华”牌、“熊猫”牌香烟重要的原料生产基地，烟农年总收入逾亿元。

第四，加快发展畜牧业。畜牧业是湄潭传统优势产业，全县有畜牧养殖小区108个，养殖大户7666户，年存、出栏生猪分别达40万头以上，养殖业年总产值达5.3亿元，占农业总产值的比重由31%增至36%，实现了农村人口人均存、出栏生猪各一头的发展目标。2007年，浙江大学安排专家教授，与湄潭携手实施“产、学、研”项目，将全球重要农业文化遗产之一——浙江青田田鱼引进湄潭，实施了稻鱼共生系统项目。高效稻鱼共生系统项目的实施，实现了田面种稻，水体养鱼，鱼粪肥田，鱼稻共生，鱼粮共丰。2010年全县已实施青田田鱼养殖项目1.5万亩，为全县粮食主产区开辟了一条增收致富的新渠道。

第五，积极发展种植业。湄潭目前辣椒种植基地已达10.2万亩，年产值达3.6亿元以上，辣椒加工规模企业2个，规范化种植水平得以逐步提高。

第六，中介组织发展迅速。农产品专业及综合市场从25个增加到43个，涉农中介组织从43个增加到185个。

通过倾力打造和精心培育，湄潭农业产业化进程取得了突飞猛进的发展。农业产业化的兴起不仅为湄潭工业化积累了资金、储备了人才和技术条件，而且为农产品加工业的发展注入了新的生机和活力。

（三）延长产业链，形成绿色富民新模式

以优质农产品的精深加工为突破口，按照新型工业化的发展要求，着力延长产业链，形成“以农促工、以工促农”的绿色发展新模式。没有强大的产业支撑，就不可能有真正意义上的县域经济，而产业发展的关键在于产业链的不断延伸和良性循环。为此，湄潭县在狠抓农业产业化经营的同时，依托自身资源优势和特色产业的快速发展，以优质农产品精深加工为突破口，按照新型工业化的发展要求，围绕优质农产品的精深加工上工业、发展工业促产业，延长产业链，提高工业与农业之间的关联度，走新型工业化发展道路，做大做实绿色工业。遵义市湄潭绿色食品工业园区于2003年在全省率先建立，2011年建成省级一类新型工业化绿色产业示范基地。现有入园企业40家，投产23家，其中国家级龙头企业2家、省级龙头企业7家，茶叶、大米、辣椒等精深加工不断深化，绿色食品工业园区产业集群初步形成，园区先后被命名为“全国农产品加工创业基地”、“贵州

省镇(乡)企业(湄潭)绿色食品加工集聚区"、"贵州省茶叶科技示范园区",列入市级七大园区,规划面积扩大到18.76平方公里。规模以上工业发展迅速,仅茶叶精深加工一块,就有栗香茶业公司、兰馨茶业公司、天泰茶业眉茶珠茶出口公司、陆圣康源公司茶多酚生产线、南方嘉木公司茶籽油生产线等在园区建成投产,投资2000万元的明盛茶业公司茶粉生产线在工业园区已经动工。在茶区,茗茶公司、盛兴公司、四品君茶业公司、名优茶红茶生产线已经建成投产;吉泰公司年产5000吨大宗茶生产线已经动工。另外,园区先后与浙江大学、江南大学、西南大学、贵州省科技厅、贵州大学、贵州省茶科所等高校、科研机构合作,加大科研开发力度,开发出茶多酚饮品、米胚油、茶叶籽油、茶叶面条、土缸泡椒等多种科技含量高、市场前景好的产品,填补了贵州省农产品精深加工的多项空白,创造出多项拥有自主知识产权的科研技术。同时,节能减排工作有效开展,主要污染物化学需氧量和二氧化硫排放量分别比"十五"期末削减15.2%和21.3%。2010年年底完成工业总产值10亿元,工业增加值4.5亿元,销售收入6.2亿元,税收1500万元,解决就业2000余人,辐射多类产业基地80余万亩。目前,湄潭已探索出了一条农业县生态建设成果转化为经济社会效益的新路子。

(四)着力生态建设和绿色发展,打响"休闲湄潭"品牌

以"生态、休闲、观光、度假"为突破口,着力于生态建设和绿色发展,打响"中国茶海、休闲湄潭"品牌,打造休闲养生度假中心。

大力发展旅游业,既是贯彻落实科学发展观、构建和谐社会的必然要求,也是湄潭加快经济转型、提高区域竞争力、融入遵义"东部开发"的战略选择。湄潭依托良好的生态优势、产业特色和人文景观,确定了"旅游活县"的发展战略,出台了《加快湄潭旅游业发展的决定》,把农村基础设施建设、黔北民居新村建设、生态农业建设、浙大文化、长征文化与民俗民间文化的保护与挖掘和旅游发展结合起来,重点发展以茶文化为主题的乡村旅游、休闲旅游、农业观光旅游的乡村旅游发展模式,打造休闲养生度假中心,努力提升茶文化特色旅游,推进茶文化设施升级改造和景区景观打造,着力打造休闲避暑胜地,精心设计"中国茶海·休闲湄潭"的主题旅游产品,分别推出了"中国茶海·休闲湄潭——春行茶乡"、"中国茶海·休闲湄潭——清凉一夏"、"中国茶海·休闲湄潭——求知之旅"等主题产品,全力打造旅游精品线路,使"山水田园城市、中国名茶之乡、休闲养生之地"旅游品牌更加响亮、更具魅力。通过开展野外钓鱼比赛、山地自行车比赛、苗家"三月三"、自驾游等活动,进一步推动了湄潭旅游业的发展,"到湄潭当农民去"已逐渐成为遵义、贵阳、重庆等城里人的时尚话题。茶产业的快速发展,使湄潭的生态更加良好。目前,全县已初步建成农业生态旅游示范点12个,发展乡

村农家乐、度假村 120 家，其中“核桃坝——龙凤风情茶庄”被评为全国农业旅游示范点，“天下第一壶”茶文化公园、“茶海生态园”被评为国家 AAA 级景区，“中国茶海”被评为贵州十大魅力景区，浙大西迁办学旧址成为国家级重点文物保护单位。启动省级湄江风景名胜区建设，打造生态旅游线路，围绕浙大西迁文化和红军长征文化，策划科教之旅、红色之旅。以黔北民居为衬托，突出乡村旅游资源。在村庄整治和新建“黔北民居”时，引导有条件的农户为乡村旅游发展提前谋划准备，增加床位，增设公厕，建设小型户外游乐设施，做到道路硬化、房前绿化、环境美好，一幢幢掩映在青山绿水间的黔北民居的衬托，使湄潭旅游资源的优势更加突出，取得了相互促进、良性互动的效果。“十一五”期间累计接待游客 173 万人次，实现旅游综合收入 10.55 亿元，旅游业成为全县后续优势产业的潜力得到显现。通过多年来的不懈努力和倾力打造，湄潭的“绿水青山”正逐步成为“金山银山”，让更多的老百姓享受到了青山绿水带来的效益，在家门口富得扎实而长久。

(五)加快农村路网建设，打通“经济大环线”

以农村公路建设为突破口，加快农村路网建设，打通富民新民的“经济大环线”。“要想富，先修路。”面对晴通雨阻的交通瓶颈，湄潭决定抓好以交通为主的基础设施建设，夯实农村发展的硬件基础。2004 年，湄潭县委作出了加快公路建设的决定，明确提出“举全县之力，以产业路为导向，以经济路、旅游路、扶贫路为重点，加快公路建设，三年实现乡乡通油路、五年村村通客运车”的发展目标。这一决定，对于当时才 5000 多万元财政收入的湄潭，堪称是一个利民的壮举，一曲情系于民的强音，同时也是增强基础、加快发展的根本举措。几年时间，产业路、扶贫路、旅游路，多路并举。湄潭先后投入资金 2 亿多元，共建设改造公路 100 余条 1100 多公里，建造农村客运站 4 个，乡村候车亭 68 个，不仅实现了村村通公路，而且 100%的乡镇和 70%的村通了油(砼)路，建成了“二横二纵二连线”的县域公路网，形成了“1.5 小时经济圈”的交通大环线，湄潭人民行路难得到了改善，制约湄潭农业农村发展的最大瓶颈得到了突破，农村呈现出“公路通、经济活、百姓乐”的大好局面。时任国家交通部部长李盛霖亲临湄潭指导工作，对湄潭农村公路建设给予了充分肯定。湄潭县两次被特邀参加了全国公路交通建设经验交流会，并作了交流发言。

(六)改善农业生产条件，加快现代农业建设步伐

以农业基础设施建设为突破口，着力改善农业生产条件，加快现代农业建设步伐。以农田水利设施建设为重点，先后实施了高新农业示范园区、病险水库除

险加固、水毁复垦、河道治理、“烟水配套工程”等一大批农业基础设施建设工程，投资3.01亿元实施了湄凤余灌区湄潭片区节水改造、烟水配套、小流域综合治理等工程，治理水土流失面积41.2平方公里，治理病险水库18座，维修山塘91口，新建水池1864口，农田有效灌溉面积达23万亩，人均保灌面积0.52亩；围绕解决民生问题，建成农村人畜饮水工程372处，35.86万农业人口饮上自来水，占全县农业人口的85%；投资3.38亿元实施了农网改造、烟区烤房用电、35千伏黄高线、湄江开闭所、无电地区通电及县城电网改造等工程，农网改造率由38%提高到81.6%，农电入户率达100%，实现“户户通电”目标；通讯、电视覆盖率达100%，已建成沼气池2.4万口。

(七)完善土地流转市场建设，实现土地资源新配置

以集体土地确权制度改革为突破口，完善土地流转制度和市场建设，实现土地资源的新配置。2009年3月，湄潭在15个乡(镇)118个村启动了土地资源的重新摸底工作，掌握全县土地资源的真正“家底”，接着对宅基地、林地、房屋三权进行确权、登记、颁证(农村承包土地按原有权属不变，参与流转面积以实际丈量亩分为准)；建立健全从县、乡镇到村的农村土地流转工作领导机构，试点建立了镇、村级农村土地承包经营权流转市场(土地流转中心)，并统一制定了土地流转合同，配套制定了农村土地承包经营权流转的相关制度13项，合同的统一和流转管理制度的建立，为土地规范流转搭建了平台；创新相关土地管理制度，如《湄潭县农村土地承包经营权流转实施办法(试行)》、《湄潭县农村集体建设用地使用权流转实施方案》、《湄潭县城乡建设用地增减挂钩(暂行)管理办法》。通过实施这些措施，规范了农村土地流转，推动了土地向高效农业快速流进，促进了农业种植的规模化和集约化经营。一是实现土地规范流转。通过流转市场和管理制度的建立，2万余亩耕地的民间流转行为得到了规范，矛盾纠纷得到了遏制。二是实现土地适度规模流转。至2010年12月底，全县以转包、转让、出租、入股、互换等形式流转耕地面积达12.6万亩，占法定耕地面积48万亩的26.25%。三是实现了城乡建设用地优化调配。通过实施“退宅还耕、增减挂钩”项目，全县退宅3146户，共节约集体建设用地472.3亩。节约的地基建设用地既可用于本乡镇公益性建设，又可流转出作为工业和城镇建设用地。通过土地制度改革，解决和缓解了湄潭县农业产业化建设和城镇化建设无地的困境，土地资源实现了优化配置。

(八)营造诚信环境，拓宽“三农”融资渠道

以营造“重合同、讲信誉、守法纪”的诚信环境为突破口，着力拓宽“三农”融

资渠道。一是围绕“诚信”打造金融环境。以金融信用县的创建为着力点，出台了相关“诚信金融”的实施意见，以黄家坝镇改革实验为试点，从打造“诚信政府”开始，开展村组、企业、农户信用的评级授信，营造“重合同、讲信誉、守法纪”的诚信环境，实现农户、企业凭信用贷款。二是创新农地金融制度。通过土地确权赋能和建立土地流转市场，盘活土地所有权、房屋产权和林权，推进土地资源转变为资本，逐步实现农村土地资本化。三是创新金融产品。金融部门围绕“三农”推出“一次授信、分次使用、循环贷款”、“整贷整还”、“整贷零还”、“零贷零还”等金融产品，满足社会需求。四是壮大涉农金融担保机构。注资组建湄潭县现代农业信用担保有限公司，并引入社会资本成立瑞丰小额贷款担保公司，增强金融担保公司的运行能力。五是改善农村金融生态。围绕“三农”优化金融服务，增加金融网点，创新抵押方式，提高企业和农户授信等级，切实解决农民、涉农企业、种植大户贷款难的问题，扩宽“三农”融资渠道，吸引了外来资本注入。金融制度改革的推进，扶农支农力度不断加大，2010 年全县金融支持“三农”贷款额已达 13.25 亿元，比 2008 年同期增加 20%。通过金融制度改革，农户得到了实惠，企业赢得了效益，政府赢到了环境。

(九)改造农村危房，着力改善民生

以农村危房改造为突破口，着力改善民生，促进社会和谐发展。住有所居是改善民生的基本需求。农村危房改造，既是一项体现以人为本、执政为民理念的民生工程，又是统筹城乡协调发展、构建城乡和谐和扎实推进社会主义新农村建设的战略举措。党中央、国务院十分关心贵州的农村危房改造，特别是 2008 年特大雪凝灾害发生后，胡锦涛总书记、吴邦国委员长、温家宝总理多次作出重要指示，并把贵州省作为全国农村危房改造的试点，要求国家有关部委积极支持贵州的农村危房改造工作。面对良好的发展机遇，湄潭不等不靠、多方筹资，率先于 2004 年启动了全县每年 100 户农村危房改造工程，提前完成了 510 户农村极贫户建房任务，让这些困难群众住上了新房。2009 年 3 月初，国家财政部、住房和城乡建设部以及贵州省建设厅领导同志先后到湄潭调研，决定把湄潭县作为贵州省农村危房改造“整县推进”试点，并要求在 2010 年年底前全面完成农村危房改造任务，为农村危房改造工作积累经验。目前，湄潭县按照“规划引导、群众主体、突出特色、政府补助、社会扶助”的原则，结合新农村建设启动了农村危房改造工程。“十一五”期间，实施村庄整治点 819 个，新(改)建黔北民居 11333 户，改造农村危房 5757 户，超额完成整县推进任务。

(十)改善农民居住环境,推进城乡一体化

以统筹城乡公共设施建设为突破口,着力改善农民居住环境,推进城乡一体化。城乡公共设施建设整体推进。实施了茶乡广场、污水处理厂及供排水管网延伸等县城“绿化、美化、亮化”工程,改造旧城,拓展新城。把农民文化家园、乡村计生、卫生室等农村公共设施建设纳入新农村建设的重要内容,广大农民的生产生活条件得到改善。按照中央提出的新农村建设要求,湄潭开展了以富、学、乐、美“四在农家”为载体的新农村建设,全县规划建设“四在农家”创建点175个,以村庄整治为突破口,配套完善基础设施建设,实现了“五到户,三到点”(即水泥路连到户、自来水通到户、农网改造到户、电视通讯到户、庭院硬化到户,文化设施建到点、计卫室建到点、农村客运通到点),直接受益6.5万余农户27万人,占农户总数的59.2%和农村总人口的64.2%。创建田家沟、核桃坝、邓家寨等新农村建设示范点101个,全县新农村建设惠及6.5万余户、27万农村人口,成为全国农村精神文明建设工作经验交流会唯一现场参观点。兴隆镇田家沟、新寨,黄家坝镇桃花江、麦子寨,湄江镇核桃坝、梨树湾,鱼泉镇偏岩塘、王村、苟家湾,茅坪镇塘钵,抄乐乡花坪,洗马乡楼房寨、团林,马山镇苏家堡、胡村坝,复兴镇两路口、随阳山,天城乡永林,石莲乡解乐,新南乡水淹凼,高台镇平桥等成为了新农村建设的一批亮点。

(十一)强化村级组织管理服务,夯实农村民主管理基础

以深化村级组织建设为突破口,强化村级组织自我管理和自我服务,夯实农村民主管理基础,使村级党组织成为农村精神文明建设的坚强领导核心。基层组织是党和国家方针政策的执行者,是联系党和群众的桥梁,是党和政府形象的窗口。湄潭注重基层党组织在农村精神文明建设工作中的核心领导作用,狠抓基层党组织建设,夯实农村精神文明建设的组织基础。针对部分基层组织凝聚力不强等问题,出台了《中共湄潭县委关于深入开展农村党的建设“三级联创”活动的意见》,着力从根本上解决“有人管事”、“有钱办事”、“有章理事”问题。先后投入资金新(改)建村级办公阵地109栋,实现了村村都有办公阵地的目标,并通过不断探索创新,不断改革完善,形成了一套比较全面、系统的长效工作机制。实施撤管理区并行政村,着力解决村级发展“五子”(即配好村级班子、改善办公房子、找准发展路子、增加干部群众票子、建好漂亮村子)问题。实施以“两减两增三在村”(即减少村民组个数、减少村脱产干部职数,增加村组干部报酬、增加机关干部下派职数,建立干部工作在村、生活在村、考核在村的工作机制)为主要内容的村级管理体制改革,建立村级组织五大机制(即干部驻村的留人机制、工

资报酬的待遇机制、养老补助的保障机制、办公经费的运行机制、培养选任的用人机制)，实现工作重心下沉。以留住大学生“村官”为首要、以提升大学生村官能力为重点、以培养大学生村官为目标，不断探索完善为大学生服务基层提供坚实的平台机制，累计选聘46名“一村一名大学生”，56名“到村任职”人员，通过“真心送关怀、用心搭平台、潜心激活力”，积极引导大学生“村官”扎根基层，进一步激发大学生“村官”的工作积极性、创造性，使其成为湄潭新农村建设的重要生力军。通过这些措施，调动了村组干部工作积极性和机关干部驻村工作的积极性；实现了机关干部工作角色的转变和村组干部工作作风的转变；做到了群众满意和组织满意，为精神文明建设提供了坚强的组织保证。湄潭县在基层组织建设中取得的成绩还得到中组部、省委组织部的充分肯定。在抓好农村基层组织建设的基础上，湄潭县进一步强化村民自治管理，坚持“一事一议”制，充分发挥农民主体作用，尊重群众意愿。采取“海选”、“公推直选”、“两推一选”的方式选举村组干部，有序扩大基层民主。建立干部进村入户公开村务、撰写民情日记、召开村民集中诉求会议等制度，农民群众的知情权、参与权、管理权、监督权得到了充分体现，增强了广大农民自我管理、自我教育、自我服务的意识，为农村创造了一个稳定和谐的社会环境。

(十二)加强社会事业建设，推进社会进步

以大力发展农村基础教育和职业教育为突破口，加强社会事业建设，推进社会进步。一是大力实施基础教育和职业教育，打实全民素质基础。湄潭县委作出了加快教育发展的决定，明确规定中央税改转移支付的资金一半以上必须投向教育，一分也不能少，顺利国通“两基”“国检验收”。至2011年春季，全县小学适龄儿童入学率达到99.4%，初中适龄少年入学率达到100%，高中阶段毛入学率达到56.3%，“三残”儿童少年入学率达到82.6%。大力扶持职业教育和民办教育，通过农业实用技术培训、再就业工程、农村剩余劳动力技能培训工程，组织劳务输出近10万人，提高了农村劳动力工资收入的比重。二是卫生事业稳步推进。2007年，新型农村合作医疗开始试点实施，目前新型农村合作医疗制度已覆盖全县，覆盖率为100%，实现应保尽保、动态管理。乡镇卫生院改造工程基本完成，农村医疗卫生条件得到较大改善。到“十一五”期末，已形成了以县级医疗单位为中心，乡镇卫生院为枢纽，村卫生室为网底的覆盖城乡的医疗卫生服务体系。完善人口与计划生育利益导向机制，积极推进人口计生综合改革，认真落实农村奖励扶助政策，推进优生优育工程，全县低生育水平进一步稳定，符合政策生育率达94%以上，人口自增率控制在6.5‰以内，顺利通过“国优”复查，人口计划目标圆满完成，被评为“全国计生优质服务县”。三是大力推进科技工作。

湄潭县与贵州省科技厅、遵义市人民政府签订特色产业科技合作协议，与浙江大学、西南大学和贵州省茶叶研究所的“产、学、研”合作不断深化，成功组建了茶叶工程技术中心，科技对经济增长的贡献率明显提高。四是文体广电事业不断加强，公共文化服务设施逐步完善，群众精神文化生活进一步丰富。“十一五”期间共投入1800余万元用于湄潭文化体育基础设施建设，其中投入332万元在全县13个乡镇新建的综合文化站办公大楼，投资250余万元在全县15个乡镇建立起46个农民建设工程、10个路径工程，实现了村村通广播电视；建成15个乡镇“文化信息资源共享工程”服务站，建成农民健身活动场所200多个，群众性文体活动丰富多彩；投资354余万元，完成118个“农家书屋”的建设，从而实现全县118个行政村村村都有“农家书屋”的目标；投资208万元建起了覆盖县乡村的“文化信息资源共享工程”服务网络。五是养老保障切实加强。2010年10月启动了新型农村养老保险试点，参保率达84.5%；乡镇五保户集中供养中心改（扩）建工程全面完成，集中供养率和供养水平逐步提高。六是农村社会治安良好，全域安全生产形式持续平稳，“平安湄潭”建设深入推进，治安防控体系进一步完善，群众安全感测评由2008年的60.08%上升到2010年的89.23%。社会事业的全面发展，推进了公共服务新体系的逐步建立和基本公共服务均等化的实现。

（十三）培养农村乡土人才，培育新型农民

以加强农民实用技能培训为突破口，着力培养农村乡土人才，培育新型农民。湄潭重视对农民群众的培训工作，结合本县茶产业发展和返乡农民工实际需要，调整专业设置，利用远程教育网、科普讲师团、农民文化家园、农家书屋、科技电影进农家、产业技术培训、法制培训、党务党建培训等多形式、多类别的技能提升培训，开展茶叶加工、蔬菜种植、养殖等方面的技能大比武，举办农民文化体育活动周和优质米、烤烟、茶叶生产和黔北民居建设技能评比、文明和谐家庭评比等活动，有力地推动了农民群众学知识、学技术、学文明，较好地提升了农民的政策意识、法制意识、发展意识和文明意识，增强了农民群众的生产能力、管理能力和发展能力。注重发挥大学生村官学历高、素质高、知识广、年纪轻的优势和作用，鼓励和引导他们积极协助当地干部工作，影响和培养越来越多的农民向有文化、懂技术、会经营的新型农民转变，带给农民致富本领，注入农业优化源泉，激活农村发展动力。“十一五”期间，湄潭县职业教育完成农村劳动力转移培训13300多人次，完成农业新技术培训18200多人次，完成在职人员技能培训9500多人次，通过播放农业先进技术资料片培训农民5600多人次，为推进新农村建设提供了强大的智力支持。

(十四)夯实农村文化阵地,培育文明新风

以加强农民思想道德建设为突破口,夯实农村文化阵地,培育文明新风。结合新农村建设,湄潭县委县政府组织宣讲团进村入户,有针对性地向农民群众宣讲党的方针政策、国家的法律法规,开展公民道德及文明礼仪培训。加强对农民的思想政治教育和道德教育,增强农民的爱国主义、集体主义和社会主义意识,激发广大农民群众爱党、爱国、爱家乡的热情。

根据农村发展的需要,采取寓教于乐的形式,精心组织"文化进村活动"。通过"书画进农家"、"农家书屋"、"农民文化家园"、"家训倡文明"、"格言树新风"以及文艺演出等,用先进文化教育广大农民。让农民群众在享受文化发展成果的同时,接受爱国主义、集体主义和文明礼仪教育。

湄潭全县现有农民文化团体110多个5000余人。农家书屋21个、农民文化家园156个、宣传栏217个、远程教育站点256个、党员活动室118个。这些文化设施,对农民的熏陶和农村的文明进步发挥了积极的作用。

生态立县促发展,富民新民创和谐。通过实施"绿色发展、富民新民"战略,湄潭县特色产业、乡村旅游、产业聚集、社会效益、生态效益等取得了重大成就。"十一五"期末湄潭县森林覆盖率已达56.5%;完成生产总值30.18亿元,同比增长15.4%;完成财政总收入3.2亿元,同比增长21.4%;完成全社会固定资产投资23亿元,同比增长107.5%;"十一五"年均增长39.9%;完成社会消费品零售总额11.75亿元,同比增长19.3%;2010年年末金融机构存款余额44.88亿元,同比增长35.9%;农民人均纯收入达4808元,同比增长17.5%。而且,通过文明塑造,广大农民群众的思想观念发生了显著的改变。现在的茶乡农民已经不再是木讷的"闰土",而是不断追求"富、学、乐、美"的"夸父"。有的开"农家乐",有的开乡村旅馆,有的成为黔北民居建设的工程师,还有的被聘请到外县当科技辅导员,等等。发展的路子越走越宽。他们新建或改建的别墅式住房内,不仅有时髦的家用电器,而且有图书字画,不少农户还买上了家用轿车。新农村展示着新文明,新文明又塑造着新农民。

三、绿色富民湄潭建设模式的创新经验

湄潭县在践行科学发展观的过程中,总结、提炼、探索出以"八新"建设为抓手、"八化"为目标导向的绿色富民湄潭新农村建设模式,即以"统筹城乡新规划、高效生态新农业、文明和谐新社区、崇尚文明新文化、公共服务新体系、绿色生态

新环境、全面发展新农民和情系民众新团队”的“八新”建设为抓手，努力实现“农业生产经营产业化、县域经济发展集聚化、农民生活方式文明化、城乡基础设施一体化、基本公共服务均等化、生产生活环境生态化、精神文明建设常态化、基层组织功能服务化”的“八化”目标导向，努力使全体湄潭人民都能分享建设全面小康社会和社会主义新农村的成果，在实践中探索出了“绿色发展、富民新民”的新农村建设模式。从“绿色发展、富民新民”的关系来看，绿色发展是富民新民的基础和前提，富民新民是绿色发展的目标和落脚点。

（一）努力谋划科学发展新规划

作为存在“缺乏能源矿产基础、缺乏大工业产业支撑、缺乏大城市依托带动”三大发展瓶颈的西部山区内陆农业县，湄潭没有简单效仿东部地区的发展模式，而是以科学发展观为统领，积极转换思路，集中全县干部群众的智慧，谋划湄潭科学发展新规划。利用湄潭“地表资源丰富、农村劳动力低廉、生态环境优越”的三大自身优势，因地制宜地开辟了一条以新农业带动新农村和新城乡关系协调发展的独特发展路径。

在科学发展观的指引下，湄潭确立了“绿色发展、富民为先、新民为基、文明建设、和谐发展”的新理念，科学制定统筹城乡发展和建设的规划，促进县域生产力和人口的优化布局，推动生产方式、生活方式的转变；以思想大解放，观念大更新来扫除影响科学发展的思想障碍；以道路网、能源网、信息网、水利网“四网”建设为重点，破除阻碍山区发展的基础设施落后的瓶颈；以绿色新城镇、绿色新农村、公共服务体系建设为重点，改善城乡人居环境条件；以发展绿色农业、绿色加工业、绿色旅游业为重点，培育经济发展新增长点；以繁荣崇尚文明新文化、树立健康向上文明新风尚和培育具有文明素养新农民为重点，使湄潭精神文明建设踏上新台阶；以农村民主法制建设、服务型基层组织队伍建设为重点，为湄潭全面小康新农村建设提供强大的政治组织保障。

（二）全力做强高效生态新农业

湄潭在缺乏大工业支撑的情况下，充分发挥山区农村资源综合优势，把做强、做优特色高效生态新农业作为富民新民的主攻方向，分别建立起该县的北部茶叶基地、中部的大米基地和南部的烤烟基地，并通过打造农产品区域品牌，拉长农业产业链，拓展农业多种功能，大力发展特色种养业、农产品精深加工业和休闲观光农业、农产品物流业，使农业成为“接二连三”的现代新产业。

在加快推进农业产业化的进程中，按照“改革改制盘活一块，扶优扶强做大一块，招商引资新增一块”的发展思路，率先建成了全省第一个省级绿色食品工业园区。同时打造了"一乡一品、一村一品"的特色农业和产业区块,如今在湄潭,茶叶专业村、优质米专业村、生猪专业村、烤烟专业村、辣椒专业村等许许多多的专业村,不仅打造出了湄潭特有的区域品牌,而且带动了农民增收致富。

在具体实践中,一是抓龙头、带产业:重点扶持几家独具特色的龙头企业,依托农产品资源优势,把发展壮大龙头企业作为推进农业产业化经营的重点;二是抓大户、上规模:对存栏1万只以上的养鸡大户、年出栏500头以上的养猪大户和养殖青田鱼的农户,县政府均按标准给予补贴;三是抓板块、建基地:加大茶叶、粮食、生猪、蔬菜、烤烟五大板块基地建设力度,使其成规模、上档次、增效益;四是抓市场、扶主体:积极扶持发展农民专业合作组织,提高农民组织化程度,增强农户抵御自然风险和市场风险的能力;五是抓研发、出新品:以品类创新和技术创新推动,逐渐形成绿茶和优质大米两大主导产业链。

湄潭高效生态新农业发展的实践证明,横跨一、二、三产业的农业产业化是一条提高农业生产效率、增加农民收入非常有效的途径。湄潭选择茶业作为主导产业,是最有说服力的例证。20世纪90年代,湄潭县领导班子敏锐意识到需要结合湄潭自身环境特色和资源基础,选择发展具有比较优势的茶业。在茶产业发展过程中,通过抓基地建设与抓市场拓展相结合,扶持茶农与扶持龙头企业相结合,做大总量和提高质量相结合,区域品牌宣传与产品品牌打造相结合,体制创新与科技创新相结合等产业发展配套政策,使茶叶成为富民新民的支柱产业。

近年来,湄潭县生态茶园得到了很好的发展,核桃坝等茶区森林覆盖率达80%以上,形成了集"生态、无公害、绿色、有机"为一体的标准茶园模式。通过以市场为导向,壮大生产基地规模,逐步形成了茶树栽培、制茶、采茶、品茶的茶产业链。由于品质出众,目前每斤湄潭茶叶的平均价格比国内市场的茶叶高出20多元,销量仍很乐观,"湄潭翠芽"品牌在全国已有200多家专卖店。此外,作为劳动密集型的茶产业还带动了巨大的劳动力需求,为缓解就业压力、鼓励农民离土不离乡创造了有利条件。据测算,在茶叶采摘时节,1亩茶园就需要1个采茶工,保守估计,仅湄潭茶叶产业就存在劳动力需求20万人。因此,在湄潭,不仅外出打工的农民较少,而且在农忙时还缺乏劳动力,吸引了许多外来打工者进入湄潭务农就业,这一西部农村中的亮点,为"农民工"的概念赋予了新的内涵。

(三)倾力建设绿色农村新社区

在5年多的社会主义新农村建设中,湄潭致力于改善农村生产生活条件,优化美化农村人居环境,以黔北新民居建设和村庄环境整治为重点,全面推进绿色农村新社区建设,成为西部新农村建设的又一大亮点。

在黔北民居建设中，湄潭县各级各部门围绕新农村建设工作，不断改善工作方法，切实转变工作作风，将有限的财政资金倾力用于改善农民生活，按照“党政引导、村组自治、部门服务、资源整合”的运行机制，实施一系列配套政策。一是加大财政投入。凡规划的“四在农家”创建点农户，在配套建设沼气池的基础上，建设一幢具有黔北民居风格的房屋，验收合格补助建房资金7000元，并配套基础设施建设。二是实施项目整合。湄潭县发改局、财政局、农业局等部门在项目和资金安排上向新村示范点倾斜。三是实行县级党政机关、企事业单位、人民团体定点挂帮责任制。按照“财政投一点、帮扶单位助一点、受益群众出一点、社会各界捐一点、政策优惠省一点”的资金筹措机制，坚持资金渠道不变、用途不乱、捆绑使用、各记其功、形成合力。单位部门在挂帮新农村建设中找准了自己的结合点，在资金上帮扶，在工作上帮助。各职能部门发挥各自的优势，积极向上争取项目资金，集中解决新村点上的各项设施配套建设，让农民群众得实惠。几年来直接补助到建房群众手中资金达9063.62万元；通过整合项目资金3亿元以上、社会捐助资金800多万元用于基础设施建设；农民自筹资金达13亿元以上，通过资源整合，真正让有限资金发挥了最大的效益。

如今，湄潭黔北民居已形成“依山傍水式、村庄城镇式、自然村寨式”三种模式，以及“小青瓦、坡屋面、穿斗枋、雕花窗、转角楼、三合院、白灰墙”的建筑风格，达到了人文景观与自然景观的中西合璧，农民称之为是更具地方特色，更有“东方的欧洲味道”。黔北民居新村建设不但优化提高了农户住房质量，而且成为农村一道靓丽的风景线，农民自豪地用“美丽村庄是我家，农村不比城市差”来形容农村的变化，大多数农户把建一栋黔北民居房屋作为小康生活的标准、文明富裕的象征。

实施住房改造，让农民安居乐业，不仅是一项重大的民生工程，同时也是广大农户获得财产性收入、拉动内需、促进经济社会加快发展的重要举措。作为条件相对较好的农业县，湄潭还把黔北民居建设与产业发展、农村极贫户建房与危房改造、农村社会事业保障工作、乡村旅游、精神文明建设有机结合，不但实现了居者有其屋，还打开了农民工就业和农村五保户集中供养的新局面。黔北民居不仅创建了广大农民新的生活方式和新的村庄格局，而且还提高了农民的尊严和审美价值。湄潭所探索的黔北民居建设，将增加农民资产性收入和提高农民生活品质完美结合，实现了对“富民新民”理念的更好解读。

(四)大力繁荣农村文明新文化

湄潭在社会主义新农村建设中，坚持“以人为本，富民为先，新民为基”的理念，在发展高效生态新农业、建设黔北新民居和绿色新社区过程中，始终将繁荣农村文明的新文化贯穿其中，使农村物质文明建设、生态文明建设与精神文明建设得到有机融合，共同促进农民生活方式转变、农民生活品质和人文素质提升，实现了农村精神文明建设的常态化。在重建新民文化的过程中，湄潭注重自然(湄潭生态特色)和历史(黔北民居历史)的结合，对民本和民生的理念进行了具体阐释，通过黔北民居、“阳光村寨”评选、民主生活会、农民文化运动会、“四在农家”建设等文化活动，为普通民众提供文化服务设施和健康文化食粮，从而重树新的建筑形式、新的村庄格局、新的审美价值，增加新农民的认同感。

湄潭通过打造“绿色湄潭、文化湄潭、快乐湄潭”，重建了人与人、人与自然环境和谐相处的新农村。在这座历史悠久的小城，不仅人杰地灵，更在历史的长河里积淀了浙大西迁文化、红军长征文化、茶文化和傩文化等多姿多彩的文化，在新文化的建设中，这种多元文化有其共同的特质内涵，那就是崇尚文明。湄潭不忘对新农业多功能化(生态、文化、生活、休闲)的概念进行拓展，通过体制创新、科技指导、文化创意、能人创业，着力将湄潭打造成山青水碧的鱼米之乡，使全县呈现出生态环境优美、经济社会持续发展、新农村建设日新月异、群众文化生活不断丰富、农村精神文明不断提升的新面貌。

湄潭着力提升湄潭茶文化的丰富精神内涵，是新文化建设中的一大亮点。湄潭茶文化历史悠久，“茶圣”陆羽在《茶经》中就记载：“茶之出黔中，生思州、播州、费州、夷州……十一州，往往得之，其味极佳(这里的夷州主要就是指今天的湄潭一带)。”清《贵州通志》亦记载：“黔省所属皆产茶……湄潭眉尖茶皆为贡品。”因此，湄潭始终坚持不懈地对湄潭茶文化进行挖掘和提炼，以丰富湄潭茶的内涵。一是倾力打造满山遍野、青翠葱茏的“西部茶海”；二是建设获得世界吉尼斯纪录的“天下第一大茶壶”；三是建立湄潭茶文化研究会；四是定期举办大型的茶事活动。可以说，湄潭茶业能取得今天的辉煌，是科学发展观和新人文精神相互促进和演化的成果。

湄潭县充分认识以求是精神为精髓的湄潭人文遗产的重要历史意义和现实价值。为弘扬求是精神和保护、挖掘、整理浙大西迁文化，县委县政府主要领导同志亲自挂帅，集中全县人力物力财力，着力打造“长征文化”和“求是精神”两大人文优势品牌，创建“全国旅游示范点”，以人文传统为依托，以茶乡文化为载体，实现了城市景观旅游和农村绿色生态旅游的有机结合，黔北民居新村建设和农村旅游景区的相互促进，在第一产业发展和第二产业跟进的同时，还寻找到了与农业相关的第三产业的新经济增长点，取得了良好的成效。

(五)倾力推进公共服务新体系

为农民提供基本而有保障的公共服务，不仅是新农村建设的目标之一，也是新农村建设的基础性工程，关系到新农村建设的成败。为此，湄潭县在加快推进

城乡一体化、基本公共服务均等化上下功夫，努力探索构建政府资助、农民参与、社会支持的村级公益事业建设新机制，在基础设施建设、基础教育发展、基本医疗服务、社会保障水平和城乡居民收入等公共服务方面取得了较大进展。一方面加大公共财政投入力度，大力实施以“四在农家”为载体，以产业化建设为支撑，以黔北民居新村建设为标志的社会主义新农村建设，推进城乡和谐发展；另一方面，通过发挥财政投入的引导机制，完善了农村公共服务供给机制和农村金融制度改革，下大力改善农村医疗、教育、文化、养老等基础条件，着力在解决民生问题上取得新突破，狠抓农村精神文明建设，让农民群众在参与中享受成果，在娱乐中接受教育。

抓好以交通为主的基础设施建设。2003 年，湄潭县委县政府出台《关于加快公路建设的决定》，要求牢固树立“交通引领经济”的理念，提出了“以产业路为导向，以经济路、旅游路、扶贫路为重点，力争实现三年乡乡通油路、五年村村通客运车”的发展目标。严格按照“围绕产业修公路，修好公路兴产业”的总体思路，先后投入资金 3.8 亿元，共建设、改造公路近 160 条、1400 多公里，不仅实现了村村通公路，而且 100%的镇(乡)和 75%的村通了油(砼)路，建成了“二横二纵二连线”的县域公路局域网，形成了“1.5 小时经济圈”的交通大环线，得到了国家交通部的充分肯定，两次被特邀参加了全国公路交通建设经验交流会，并作了交流发言。同时，实施了以农田水利设施建设为重点的高新农业示范园区、病险库除险加固、水毁复垦、河道治理等一大批农业基础设施建设工程，极大地改善了广大人民群众的生产生活条件。也正因为在打基础的工作中，抢抓机遇，不等不靠，矢志不渝，一年接着一年干，树立了湄潭人民“想干事、能干事、干成事”的良好形象，赢得了上级的信任和支持，争取到的项目、资金才越来越多，基础设施建设的步伐才越来越快。

大力实施基础教育和职业教育。2004 年湄潭县委全会出台《加快教育发展的决定》，明确规定全县每年用于教育事业的经费不少于 867 万元。近年来，在大力实施农村寄宿制工程和中小学危房改造工程的基础上，积极化解求高、职高历史债务 2400 万元，“两基”成果得以巩固提高，学校能够轻装上阵；同时，配套教育体制改革，大力扶持职业教育和民办教育，通过农业实用技术培训、再就业工程、农村剩余劳动力转移培训工程，有组织劳务输出 1 万多人，并通过引资 1500 多万元新建了民办乐乐中学，全县教育呈现出多支力量齐头并进的良好态势，使湄潭教育走出了困境，求是高级中学申报省级示范性普通高中获得成功，全县高中升学率超过全省平均水平。

大力改进医疗卫生服务体系。乡镇卫生院改造工程基本完成，农村医疗卫生条件得到较大改善，已形成了以县级医疗单位为中心，乡镇卫生院为枢纽，村卫生室为网底的覆盖城乡的医疗卫生服务体系。到“十一五”期末，全县有医疗卫生单位393个，其中县级医疗卫生单位5个，中心卫生院5个，一般乡镇卫生院10个，社区卫生服务中心2个，民营医院1个，村卫生室343个，个体诊所27家；全县有各级各类医疗卫生人员1495人，其中县级医疗卫生单位628人，乡镇卫生院297人，民营医疗机构65人，乡村医生398人，社区卫生服务中心107人。新型农村合作医疗制度已覆盖全县，覆盖率为100％，新农合参保率达95％，城镇居民基本医疗参保率100％，养老金按时足额发放，社会化发放率达100％，城乡低保扩面提标，实现应保尽保、动态管理。农村养老保障水平稳步提高。2010年7月，湄潭县被确定为国家第二批新型农村社会养老保险试点县，通过县、乡、村各级各部门全力投入，效果较好，参保人数达18.5万人，综合参保率达84.5％。

城乡居民收入稳步增长，城乡收入差距不断缩小。通过公共服务均等化，使城乡呈现出和谐发展的局面。2010年，湄潭县城乡城镇居民人均可支配收入、农民人均纯收入分别达13068元、4808元，同比分别增长14.7％和18.8％，年均分别增长14.2％和13％；城乡收入差距为2.72∶1，而同期全国城乡收入差距为3.23、贵州省城乡收入差距为4.07。湄潭呈现出社会安定团结、人民安居乐业、城乡关系稳定的欣欣向荣景象。

（六）竭力营造绿色生态新环境

占国土面积70％的山区是我国生存发展的最大生态屏障，保护好、建设好山区绿色生态环境既是山区人民的愿望与责任，是山区人民幸福生活的依靠，也是山区为全国发展作出的最大贡献。湄潭县正是从这样的认识出发，高度重视生态环境建设与保护，确立生态立县、生态美县、生态富县的新理念，“咬定青山绿水不放松”，在经济发展中始终走生态致富的可持续发展道路。目前，全县森林覆盖率达56.5％、林业绿化率达58.5％，它们对长江中下游植被保护和水域保护作出了巨大贡献，其创造的隐性价值如果能够通过某种方式转化成显性价值，则是一笔不可估量的巨大社会财富。此外，湄潭秀丽的田园风光、无污染的绿色农产品、整洁的村容环境，不仅使湄潭人民乐在其中，更为湄潭特色旅游和农产品精深加工创造了良好的条件，帮助湄潭走出了一条“青山绿水财富多”的和谐发展之路。

湄潭县还积极探索低碳经济发展模式，大力发展碳汇农业、碳汇林业，积极探索低碳生态工业和低碳生态城市建设之路。在工业招商引资中严把环保准入关，坚决拒绝一切高消耗、高排放、高污染的工业项目，同时鼓励发展低消耗、低排放、低污染、高科技的绿色制造业和绿色加工业，大力发展绿色旅游业和绿色服

务业。此外，结合绿色新城镇建设，积极引导高山远山的农民往县城和中心镇、中心村社区迁移和就业，减缓高山生态压力，不断提升湄潭绿色生态环境质量。

（七）致力培育全面发展新农民

“富民为先、新民为基”是新农村建设中相互关联的双重目标，其关键在于把广大农民培育成为具有“自尊、自信、自强、自律”的品格、素质全面发展的新型农民。湄潭在近几年实践中，坚持通过教育新民、培训新民、创业新民、文化新民等多种途径和方法，着力提高广大农民文明素养。

在教育新民上，把加强农村基础教育、提高农村适龄儿童入学率和农村教育质量作为新民之基。坚持财政向教育倾斜，在普及九年义务教育的同时，全面提高农村高中段教育和职业教育入学率，全面改善农村办学条件。与此同时，大力开展农村劳动力技能培训和农业实用技术培训，对返乡农民工也给予免费的技能培训，努力提高农民工就业创业能力。

在创业新民上，把鼓励农民创业就业作为推动农民分工分业，在实践中培育高素质新型农民的重要途径。采取优惠政策，既鼓励农民走出县域去打工、去创业，又引导鼓励外出农民返乡创新业、创大业，也鼓励农民通过发展农业规模经营和农业产业化经营，培育现代农业经营主体。

在文化新民上，注重以先进文化引领人、提升人、陶冶人的精神，让崇尚文明的新文化成为培育新农民的强大人文力量，把文化建设结合到经济建设和人力培训上，使繁荣文化成为提升农民素质的深厚土壤，成为新农民的软实力。

通过教育新民、培训新民、创业新民、文化新民等途径和方法，培育了新型农民，使群众思想观念得以有效转变。首先是生活方式发生转变。通过村庄整治、黔北民居新村建设这一载体，有效改善了农村人居环境，“吃水不用抬、煮饭不烧柴、走路不湿鞋、客车进村寨、村庄靓起来”逐步变成现实，农村人过上了城市人的生活，农民群众生活习惯、卫生观念、消费观念以及休闲娱乐方式都发生了转变，精神面貌焕然一新。其次是生产方式发生转变。安居才能乐业，环境改善使农民群众学文化、学科技、追求进步、提升素质、增收致富的愿望更加强烈，打破了“小富即满、小富即安”传统思想的禁锢。广大农民群众精神振奋，团结互助，迸发出共建新农村的热情。

（八）合力打造情系民众新团队

党员干部和基层组织是社会主义新农村建设十分重要的领导力量。党员干部素质作风和基层组织建设水平决定了新农村建设的进度和水平。湄潭近几年十分重视建设有战斗力、凝聚力、公信力的党员干部队伍和公共服务型基层组织。一是在财力上向乡村基层倾斜。湄潭将县域经济与乡镇经济合为一体，同时通过县里对乡镇财政体系上的扶持和让利于乡镇的机制，为基层组织建设提供坚强的资金保障。二是在人才配备上向乡村基层倾斜。选派年轻有为的优秀干部到基层新农村建设第一线去建功立业、锻炼成长，鼓励引导大学生村官发挥好作用。三是高度重视公共服务型农村基层组织建设。县委县政府不仅要求村"两委"干部充分发挥模范带头作用，不断提高政策水平和带领群众致富的本领，成为群众信任的社会主义新农村建设领头人，而且从组织制度、激励制度等方面入手，把这一导向落到实处。

在基层组织建设中，紧紧围绕"三创、三强、三发挥"，以"三创"（上下联创、示范带创、城乡共创）为基础，以"三强"（强基础、强素质、强机制）为核心，以"三发挥"（发挥党组织的战斗堡垒作用、发挥党员的先锋模范作用、发挥干部的模范带头作用）为动力，取得了明显成效。

在管理体制上，实施了"两减、两增、三在村"制度。同时，通过一系列留人机制和保障机制等，进一步选优配强领导班子，使基层干部下得去、上得来、用得活。以留住大学生"村官"为首要，不断探索完善为大学生服务基层提供坚实的平台机制，累计选聘46名"一村一名大学生"，56名"到村任职"人员，激发了大学生"村官"的工作积极性、创造性，使其成为湄潭新农村建设的重要生力军。

事实上，绿色富民湄潭模式的创新经验很大程度上来源于正确的执政理念，坚持老百姓的长期发展，坚持走"绿色发展、富民新民"的道路。具体而言，就是通过让利于民和制度激励，培育融洽的党群关系和干群关系，使广大乡村基层干部能够主动地贯彻和履行"绿色发展、富民新民"的理念。难能可贵的是，尽管"绿色发展、富民新民"的周期比较长，不容易在短期内出政绩，但湄潭的广大干部都能以湄潭的长期发展为出发点。同时，湄潭也通过构建协作配合、责任落实的组织机制，加强干部对新农村建设的责任感和参与度。主要体现在：成立新农村建设领导小组及其办公室，由县委书记、县长挂帅，建立联席会议制度，县主要领导、分管领导亲自调度，督促指导；建立县级领导联系点制度，40名县级干部均联系一个以上新村示范点，帮助解决困难和问题；建立部门挂帮制度，实行责任、工作、任务、目标四捆绑；建立目标考核制度，将新农村建设纳入县年度目标考核范畴，并作为干部考评的重要依据。干部职工通过参与新农村建设工作，转变了作风，贴近了群众，沟通了感情，促进了党群、干群关系的好转。

四、绿色富民湄潭建设模式的示范意义和经验启示

(一)绿色富民湄潭建设模式的核心内涵

湄潭之路的核心内涵,就是通过“八新八化”,实现“绿色发展、富民新民”。这就是:坚持农村物质文明、政治文明、精神文明、生态文明四个文明协调发展、整体推进的新机制,以“统筹城乡新规划、高效生态新农业、文明和谐新社区、崇尚文明新文化、公共服务新体系、绿色生态新环境、全面发展新农民和情系民众新社团”的“八新建设”为抓手,实现“农业生产经营产业化、县域经济发展集聚化、农民生活方式文明化、城乡基础设施一体化、基本公共服务均等化、生产生活环境生态化、精神文明建设常态化、基层组织功能服务化”的“八化”目标,在遵义东部开发中率先实现小康,成为贵州城乡一体化发展示范区。

(二)绿色富民湄潭建设模式的示范意义

绿色富民湄潭建设模式引起了各级领导和国内外人士的广泛关注,特别是以田家沟为代表的新农村建设示范点,通过中央电视台、人民网、新华网、人民日报等主流媒体报道后,产生了较大的社会影响。同时,党和国家领导人李长春、习近平、刘云山都对湄潭县的新农村建设工作作了重要批示,给予了充分肯定。国家有关部委领导,部分省(区、市)领导,省、市领导及兄弟县(区、市)以及省、市人大代表、政协委员也相继到湄潭调研、考察、视察指导工作,并给予了高度评价。全国农村精神文明建设经验交流会、全国村庄整治技术骨干培训班全体参会人员亲临湄潭县观摩、考察。省、市“四在农家”创建现场会,省级相关工作会相继在湄潭召开。几年来,包括德国、赞比亚、亚非拉发展中国家客人及省内外近10多万人次先后到湄潭县参观考察新农村建设工作。可见,绿色富民湄潭建设模式具有重要的示范意义。

湄潭模式是对科学发展观精神实质的深刻领会和富有创造性的践行。通过“绿色发展、富民新民”,湄潭把以人为本、和谐发展、科学发展的精神落到了实处,通过标本兼治、多管齐下,建设发达农业、培育新型农民、构筑和谐农村,不仅初步实现了城乡统筹、资源节约、环境友好、人口均衡、经济社会协调发展的良好局面,而且使全体湄潭人民从社会主义新农村建设中得到了实惠,富民强县的战略目标得以初步实现。

湄潭模式表明:如果能够立足农业求发展,即使是欠缺矿藏资源、缺乏工业

基础、没有大城市带动的农业县，也可以保持农村经济持续快速、稳定的增长，也可以实现农业和农村经济的转型与升级。

湄潭模式表明：如果能够真正了解和引导农村居民的意愿，从农村居民的生产生活实际出发，兼顾历史传统与现代化发展，处理好政府与市场的关系，可以高效推动社会主义新农村建设，为农民建设起村容整洁、生活便捷、环境如画、安居乐业的人居环境。

湄潭模式还表明：加强教育培训，引导和培育健康向上的社会新风尚，既能够在富民的同时极大提升广大农民群众的文化素质和精神风貌，多方面、多层次地满足群众的精神文化需求，又能够更好地调动广大农民群众发展生产、建设乡村，从而也能够塑造新型农民。

湄潭模式进一步表明：以科学发展观改变传统政绩观，是湄潭新农村建设模式取得成效的根本原因。也就是说，如果能够深刻领会和正确把握科学发展观的精神实质，坚持实事求是、以民为本、民生为重，致力于从科学发展观的实质出发，探索具有地方特性的发展道路和发展模式，西部山区农业县完全可以化劣势为优势，走出一条成功的县域经济社会发展的新路子，在全面小康社会建设和社会主义新农村建设中，实现物质文明、政治文明、精神文明和生态文明的“和谐共生”。

湄潭模式的实践表明，在经济社会快速发展的今天，要干成一桩事，并不缺乏好的政策和机遇，而问题往往是急功近利或重点不突出，几年下来，山河依旧，关键是要坚持有所为，有所不为。在农业县本身条件较为薄弱的情况下，只有坚持非均衡推进、重点突破的发展战略，只有树立正确的政绩观，甘当铺路石，以“人一之我十之，人十之我百之”的精神持之以恒地抓下去，一届接着一届干，才能拨云见日。湄潭县茶叶产业的发展正是因为历届县委县政府无论是高潮还是低谷，都始终抓住不放，才有了今天“一业兴，百业旺”的良好发展态势。

湄潭模式的创新实践，对于工业基础薄弱、矿产资源缺乏、远离大城市的欠发达地区探索改革发展之路，特别是对于加快推进广大西部地区的新农村建设，在很多方面都具有示范性和借鉴意义。一是全面推进农村土地制度改革；二是全面推进现代农业发展；三是全面深化农村金融体制改革；四是全面推进城乡公共服务均等化；五是全面建设农村基层公共服务型组织；六是全面建设科学的考核评价机制。

（三）绿色富民湄潭建设模式的重要启示

湄潭“绿色发展、富民新民”新农村建设模式为我们带来了许多重要启示。

1. 必须牢固树立“生态立县”战略，为“绿色发展、富民新民”奠定坚实的“生态屏障”

创造绿色生态环境是人类跨世纪的追求，是关系人类生存的重要方面，又是“以人为本”原则最直接的体现。湄潭是一个典型的内陆山区农业县，“欠发达、欠开发”是基本县情，而且地下资源极度匮乏、工业基础十分薄弱，也无就近大城市依托和发达的交通体系支撑，要实现经济的大发展举步艰难。然而，正因为这些不利因素，才铸就这块土地的钟灵毓秀、生态良好、风景优美，这在全国上下都在贯彻和落实科学发展观，努力构建资源、环境相和谐的今天，无疑又从劣势转变成了优势。湄潭县委县政府立足县情，审时度势，决定在工业经济发展的大背景下另辟路径，坚持以正确政绩观谋划科学发展，确立“生态立县”发展战略，走可持续发展的路子。以切实加大生态环境保护力度为切入点，以建设“山水田园城市、中国名茶之乡、休闲养生之地”为目标，全力打造“生态、有机、低碳、健康”的代名词。

近年来，我们通过大力实施退耕还林(茶)、封山育林、植树造林、小河流域水土治理、土地整治、城市污水处理、取缔污染企业、河道绿化等工程，全县森林覆盖率达56.5%，空气质量常年保持在良好以上，县城河流达二类饮用水质标准。湄潭良好的生态环境孕育出了“国家级生态建设示范区”、“国家级生态农业示范县”、“全国三绿工程示范基地县”、“全国无公害茶叶生产基地县”、“全国优质烤烟生产基地县”、“全国优质商品粮油生产基地县”、“全国优质瘦肉型商品猪生产基地县”等一系列“金字”招牌。湄潭县生产的农特产品都会被冠以“优质”的头衔:“湄潭翠芽”荣获28次国家级金奖，“贵州十大名茶”排名第一；烟叶蕴含独特的青草香型，是“熊猫烟”、“中华烟”的原料之一；“茅贡”牌大粒香米连续五届荣获全国稻米评比金奖，被誉为“中国第一米”，等等，为湄潭县实施农业产业化经营奠定了坚实的基础。可以这样认为，有绿色就有希望，有生态就有未来！“绿水青山”一定会换来“金山银山”！

2. 必须坚持新农业现代化道路，做到农业增长和农民增收同步推进

“三农”问题的核心是农民问题，而农民问题的关键点则在于如何提高农民收入。现阶段，提高农民收入是我国农业和农村经济发展的根本出发点和落脚点，直接关系到“扩内需、促转型、求发展”的方针能否贯彻落实，直接关系到新时期我国新型工业化、新型城市化进程能否继续快速推进，直接关系到国民经济能否持续、快速、健康发展，直接关系到农村社会稳定和国家的长治久安。

在工业化的大背景下，农业县同样可以大有作为。长期以来，很多人思想上都有一个误区，认为农业县没有多少文章可做，没有发展出路。事实上，对于地

下没有矿产资源，周边没有大城市辐射带动，县域也没有大企业支撑的山区农业县，立足县情发展特色优势产业，是探索农民稳定快速增收的必由之路。湄潭农业产业化的发展历程和现实成效表明：一方面，盲目地走工业化带动城市化发展的老路子行不通，而发展农业如果忽视自身条件、忽视比较优势、忽视提升农产品附加值，也将得不偿失；另一方面，尽管农业有可能会成为弱质产业，但农业绝不是天然的弱质产业。如果能够突破传统农业的边界，从内涵和外延上拓宽现代农业的产业体系，就能够极大地拓展以农业为主导的现代经济发展空间，使新农业成为拉动内需、创造就业，乃至实现县域及区域经济持久增长的新引擎。

湄潭在面向市场、发展优质高效生态农业的过程中，强调保护资源、优化生态环境，充分发挥光热、土地等资源优势，以特色产品为依托，不断延伸产业链，发展农产品精深加工，做大做强特色产业，构建起了涵盖三次产业、可持续发展、富民新民的新农业产业体系。多年的实践经验表明，湄潭这样的西部农业县只要坚定不移地发展生态农业，走农业产业化经营的道路，把资源优势真正转化为产业优势和经济优势，就一定能够破解农业县经济社会跨越发展的难题。

湄潭的新农业发展不仅较好地解决了广大农民的增收问题，而且对财政、内需、就业等发挥了扩散效应和放大效应，缩小了城乡收入差距。这充分说明：如果能将传统农耕文明中最积极、最和谐的因素与现代工业文明充分结合，就能够推动传统农业的现代化、专业化、自动化、产业化。更为重要的是，湄潭新农村建设模式表明，我们完全有可能把“以人为本”的理念，以新农村建设为契机和载体有机整合为这一进程，凭借构筑“经济高效、产品绿包、资源节约、环境友好、人口均衡、知识密集、功能多样”的新农业、大农业，充分展现后现代农业的基本精神，揭示后现代可持续农业文明的创新发展模式，有效实现农业增产和农民增收的统一。鉴于我国具有启动后现代农业发展的有力动因及良好的背景条件，湄潭的新农业现代化道路具有重要的示范意义和推广价值。

3. 必须牢固树立“解放思想，抢抓机遇，绿色发展”的发展理念，必须要有一条切合自身实际的发展思路

只有解放思想，才能创新发展理念、创新发展思路、创新发展环境、创新发展机制，才能做到敢想、敢为，才能抓住机遇，做到科学发展。产业结构调整是一项艰难而庞大的系统工程，必须要有一个培育、呵护的过程。湄潭在发展茶叶和烤烟中也有过激烈的争论，通过组织讨论，让干部群众明白，发展茶叶是实现短期效益与长期效益相结合的有效手段，虽然发展茶叶对财政直接贡献不大，但老百姓富了，购买力增强了，消费刺激了，内需拉动了，带动了相关产业的快速发展，其他行业因此而产生的税收就不可估量。在贵州“欠发达、欠开发”的省情制约下，只有因地制宜，扬长避短，培育具有地方特色的支柱产业才是长远之计。因

此，湄潭县委县政府始终坚持解放思想、抢抓机遇、科学发展的理念不动摇，创新发展模式，在困难中谋发展，在发展中求生存。一是在退耕还林政策面前，严格按照“退出一个产业”的发展思路，大力实施退耕还茶，既让老百姓得到了国家的补助，又有了稳定而长远的经济来源，既富了百姓，又绿了山岭。二是紧紧抓住国家实施通村公路、通乡油路的机遇，大力发展茶区公路，既解决了老百姓行路难的问题，又带动了茶产业的快速发展，为湄潭县茶产业的规模化、集约化和工业化生产奠定了坚实基础。三是依托丰富的农产品资源优势，走新型工业化道路。在国家土地政策紧缩的情况下，充分盘活国有土地，兴建了全省第一个绿色食品工业园区，既为茶叶等农副产品加工业的聚集发展找到了载体，又为财政增收找到了新的增长极，使全县农业产业化进程的快速推进和县域经济的持续快速发展有了更为可靠的保障。

与此同时，湄潭在发展中始终坚持“抓三基（基础教育、基层组织建设、基础设施建设），兴产业；抓城建，促旅游”的发展思路。通过抓基础教育，提高民众综合素质，提供人才保障；通过抓基层组织建设，提供坚强的组织保证；通过抓基础设施建设，巩固发展的硬件基础。正是有了前面三项基础，湄潭提出了“生态立县、特色兴县、产业强县、旅游活县”的发展思路才得以顺利实施。

4.必须建设公共服务型基层组织，做到政府效能和干群关系全面改善

党委政府的意志、战略与政策选择是地方经济发展和新农村建设长效机制的根本要素；而农村基层组织在农村改革发展与和谐稳定中担负着重要作用，是贯彻落实党的方针政策，推进农村全面发展的战斗堡垒。正因如此，党的“十七大”明确提出要“扩大组织覆盖，创新活动方式，充分发挥基层党组织推动发展、服务群众、凝聚人心、促进和谐的作用”。湄潭县提出“要在现代农业的发展过程中实现基层政府和基层组织从行政管理向公共服务的转型”，正是对这一基层党建方向的正确理解和创造性把握。

新农村建设既不可缺少政府的主导作用，也离不开农村社会的自主性力量。湄潭县将基层党组织建设与服务民生有机结合，夯实了各项建设任务高效快速推进的基础，激发了广大干群的建设活力和创造精神，切实保障了党员和群众的知情权、参与权、表达权、监督权，有效化解了各类矛盾，推动了乡风文明与社会和谐，不仅为全县经济社会又好又快、更好更快发展提供了坚强有力的思想、政治和组织保证，而且在经济社会发展进程中凝聚了人心、锻炼了队伍。

实践证明，政府应充分尊重农民群众意愿，不搞强迫命令，杜绝硬性摊派。党委政府只是起到一个引导和指导的作用；对有创建想法的村组，大力给予支持，对有建房渴望的群众，积极给予帮助，示范点的投工投劳、土地调整等，都采用村民自治、民主管理办法进行。

湄潭新农村建设模式启示我们:要围绕经济抓党建,才能实现抓好党建促发展,使基层党组织和基层干部在促进生产、改善民生方面发挥重要的领导和促进作用。为此,要从干部选拔机制、激励机制、民主管理机制、监督机制以及新农村建设的资金支持制度等多个角度入手,以新农村示范点等基层组织建设为标杆,以点带面,整体推进,让党建和基层政府组织建设真正根植于服务民生的沃土,从而有效增强基层党组织的凝聚力、创造力和战斗力。

5. 必须坚持以人为本不动摇,做到以民为大、以农为重、富民为先、新民为基

以人为本,不仅是科学发展观的核心,也是我们党全心全意为人民服务这一根本宗旨的集中体现,坚持以人为本,不是抽象、空洞的口号,必须落实到发展的每一项措施中,贯彻到改革的每一个行动中。绿色富民湄潭建设模式之所以能够实现人与自然的和谐发展,经济与社会的和谐发展,根本在于实现了人与人的和谐发展。首先,从以人为本的新发展观出发,立足县情,富民为先。湄潭通过培育、保护以及科学利用地表资源,充分调动了广大农民参与做大做强传统产业的积极性,探寻出了一条人与自然和谐发展的道路,找到了一条生态与经济“双赢”的道路。其次,黔北新民居建设充分体现了对历史和文化传统的尊重。一方面,利用财政补贴调动农民改造旧民居的积极性;另一方面,通过聘请专家进行多套建筑风格设计,在新村改造工程中尊重农民的选择权和意愿,体现了对人的尊重、理解、信任和关心。再次,通过制度建设改变传统政绩观。湄潭以“绿色发展、富民新民”为导向,以村庄改建和新农村建设为载体,以发展农业生产为突破口,以基层干部为尖兵,有效构筑了干部群众间的和谐关系和农村社群的新型社会关系。由于注重了正确的政绩观,就从根基上加强了党的执政能力建设、组织建设和干部队伍建设,进而有效提升了农村社会的和谐程度,改善了党群关系和干群关系。

湄潭的“绿色发展、富民新民”模式,强调“以民为大、以农为重、富民为先、新民为基”。也就是说,从人民群众的根本利益出发谋发展、促发展,不断满足人民群众日益增长的物质文化需要,切实保障人民群众的经济、政治和文化权益,让发展的成果惠及全体人民,从而以人的发展统领经济、社会的发展,使经济、社会发展的结果指向人的发展、真正服务于人的发展,使发展的结果与发展的目标实现了高度统一,更充分体现了我们党的性质和宗旨。这是湄潭新农村建设模式给我们的最大启示。

6. 必须坚持富民新民两手抓,做到物质文明建设和精神文明建设互促共进

湄潭的“绿色发展、富民新民”模式,注重的是重建文化、重树风尚、重塑农民。在湄潭,“富民”主要是通过产业发展特别是农业产业发展,以及财产性收入

渠道的拓展，快速有效地增加群众收入；而“新民”则主要是通过大力提升农民基本素质、精神状态和加强乡村精神文明建设的途径来实现，并沿着这一途径，着力改善党群关系、干群关系以及基层组织运转效率。“新民”的核心目标是培育自尊、自信、自强、自律的新农民，它是加快农村经济社会发展，提高农民群众生活水平、文明程度和乡村社会和谐程度的重要工作内容，既是社会主义精神文明建设的重要组成部分，又是新农村建设不可或缺的重要内容。

湄潭新农村建设模式启示我们：社会主义新农村不仅要“富民”，更要“新民”。民生发展需要“富民”和“新民”两手抓，两手都要硬。只关注物质文明意义上的富民，而不强调精神文明意义上的新民，有可能出现富而不稳、富而不久、富而不雅、富而不乐的局面；只空谈新民，而不讲富民这一根本，新民则会成为无水之鱼、无土之木，最终只会落入徒有虚名的形式主义；富民只有指向新民才具有可持续性，新民只有转化为富民的积极性和能力才有意义。因此，必须富民和新民两手抓，平衡发展、互相补充、互相促进，才能有效构建社会主义新农村的物质文明和精神文明，实现可持续性的科学发展。

7. 必须兼顾效率与公平，做到政府有形之手和市场无形之手合理运用

经济社会的发展，归根结底是为了人的全面发展。只有经济发展而没有社会发展不叫全面发展；同样，只有经济和社会的发展而没有人的发展也不叫全面发展。把发展简单等同于增长，以为市场可以解决一切问题的观念，往往容易导致经济高增长、社会低发展的失衡局面。

绿色富民湄潭建设模式表明：以农业产业的发展作为实现“富民”目标的基本方向，是要充分体现初次分配的效率原则，而政策的引导和扶持，是要鼓励更多的人通过公平竞争走上农业产业化的富裕之路。湄潭不仅将有限的财政支出重点放在农业和农村，从政策、项目、资金上向创建点倾斜；同时，为了使产业致富的成果能够最大限度地为民所享，县政府发挥了收入再分配中的主导作用，致力于提供均等化的城乡基本公共服务，积极依托农业产业化，扩大就业和再就业渠道，建立覆盖养老、医疗、伤残的社会保障制度，妇女儿童、老龄人口、残疾人等事业都实现了全面进步，为产业发展、经济持续增长营造了和谐的社会氛围。

湄潭的“绿色发展、富民新民”新农村建设模式，以公平与效率的兼顾实现了经济与社会的协调发展，体现了发展生产重视效率，主要依靠市场机制起基础作用；关注公平，保持社会和谐稳定，主要靠政府作为的行动轨迹，把政府有形之手和市场无形之手合理配合运用，抓住了发展的核心和本质。

8. 必须强化科技人才支撑，做好借助外力和激活内力有机结合

浙大西迁这一“文军西征”壮举，不仅把如今被寄托了“求富求新”希望的茶

叶种植和加工产业带到了湄潭，而且启迪了湄潭人民，将“求是”精神深深根植于这片热土，正是秉承求是创新的科学发展精神，湄潭人民在新时代跳出了发展思维的窠臼，找到了适合自己的“求富求新”之路。

湄潭的借力发展集中体现在引智发展，即通过与浙江大学、贵州大学等高校和科研院所的合作，为湄潭的新农村建设和县域经济发展获得了有力的科技与人才支撑。浙江大学与湄潭已经签约建设的“社会主义新农村建设示范点”，明确以理论、科技和人才三大体系为支撑，总结提升新农村建设相关理论与机制；培养高素质科技人才、参与干部培训、加强农民素质培训，为新农村建设提供强大的人才支持；浙江大学、贵州大学与湄潭县联合组建了国内首家在县级层面建立的新农村建设研究院——“湄潭新农村建设研究院”，对于推动湄潭县新农村建设具有非常重要的意义，通过建立开放协作机制，依托浙江大学和贵州大学的智力优势，立足湄潭县，借鉴国外农村发展的经验，发挥技术优势，进行新农村建设方面的理论与实践研究，探索全国、西部及贵州社会主义新农村建设和农村现代化进程中面临的重大理论和实践问题，为湄潭县委县政府进行社会主义新农村建设的科学决策提供理论和实践参考，还可以为全国各地新农村建设提供有利支持。地一校合作不仅使湄潭县域经济的发展获得了高校科技和知识资源的支持，而且也使高校、科研院所的科技成果推广到了更广阔的地区，进一步激发了高校服务地方建设、参与新农村建设的积极性。

第七章 绿色富民湄潭建设模式的发展展望

湄潭"绿色发展、富民新民"的新农村建设模式是在建设两型社会、践行生态文明的时代背景下应运而生的一种新农村建设模式。"绿色富民湄潭"已成为湄潭的生态优势和绿色品牌。湄潭在守住"青山绿水"的同时,发展绿色经济、践行富民新民有思路、有规划、有模式、有政策、有典型、有经验,逐步走出了一条"绿色发展、富民新民"的新农村模式。

湄潭"绿色发展、富民新民"的新农村模式把绿色发展作为发展的基本前提和原旨要义,把富民新民作为发展的根本目的、转变发展的重要途径,真正贯彻了可持续发展的理念,体现了科学发展观以人为本的核心,彰显了发展的源泉来自人民、发展的成果惠及人民的执政理念,这在当前的经济社会背景下具有良好的发展前景。

一、"绿色发展、富民新民"的时代价值

(一)绿色发展是当前经济社会发展的必然趋势

伴随着对传统工业化和城市化模式所存在问题的不断质疑，人类开始反省自身的生产和生活方式。于是，绿色发展逐渐形成并成为一种实践。

1962年，美国人卡逊发表了《寂静的春天》，对传统工业文明造成环境破坏作了反思，引起各界对环境保护的重视。1972年，罗马俱乐部发表了《增长的极限》，对西方工业化国家经济增长模式的可持续性提出了严重质疑。但在当时，绿色理念主要集中在污染的末端治理方面。1989年，英国经济学家皮尔斯首次提出"绿色经济"概念，并指出通过发展绿色经济可以实现经济、社会、生态的协调可持续发展。从20世纪90年代开始，联合国环境署和其他一些国际组织相继开展了绿色财富、绿色增长、绿色GDP核算等与绿色经济相关的研究。

2006年4月，亚洲及太平洋经济社会委员会发布的《2005年亚太地区环境报告》指出，亚太地区目前的成长率是不可持续的，必须构建绿色经济。胡锦涛主席也在联合国气候变化峰会开幕式上的讲话中指出，中国要大力发展绿色经济，积极发展低碳经济和循环经济，研发和推广气候友好技术。

绿色产业和绿色经济越来越受到国际社会的广泛关注。在国际金融危机、资源能源短缺和生态环境日益恶化，特别是气候变化问题的综合背景下，2008年10月联合国环境署召开"绿色经济行动倡议"项目启动会，2009年4月又公布了《全球绿色新政政策概要》，启动了"全球绿色新政及绿色经济计划"。2009年以来，世界各主要国家都把发展绿色经济作为实现经济复苏的重要支点和抢占经济制高点的国家战略，力图通过实施绿色新政促进经济转型。越来越多的人认识到，发展绿色经济不仅可以节能减排，而且能够更加有效地利用资源、扩大市场需求、提供新的就业，是保护环境与发展经济的重要结合点。在这样的背景下，我国把新能源、清洁能源和节能环保产业作为保持经济增长、调整产业结构、转变发展方式的重要突破口。可以说，谁抢先占领绿色经济的制高点，谁就能在绿色发展的大势中赢得先机、把握主动。

实现绿色发展是贯彻落实科学发展观的必然要求。绿色发展强调发展知识经济、生态产业经济和循环经济，转变传统经济发展方式，实现更安全、更环保、更清洁的发展。绿色发展适应人类环保要求和健康需要，在追求经济效益的过程中更加注重社会效益和生态效益，最终是要改善人类生存环境，提高人类生活

质量，实现人的全面发展。绿色发展统筹经济、社会、人口、资源、环境等各种发展要素，兼顾个人与集体、局部与整体、当代与后代等各种利益关系，最终是为了实现经济进步、社会进步与人的进步的同步发展。可见，绿色发展与可持续发展是一脉相承的，是针对可持续发展的不同侧面或是特定时期的目标和任务而展开的经济社会活动，其核心目的是为了突破有限的资源环境承载力的制约，谋求经济增长与资源环境消耗的"脱钩"，即经济增长时物质消耗并不同步增长，而是略低，甚至开始呈下降趋势，出现倒型，实现发展与环境的双赢。

(二)富民新民是可持续发展理论的具体实践

从古至今，富民一直是人类诞生以来所追求的目标之一，也一直是中外思想家们认真探索的话题之一，从而形成了许多极具智慧的"富民"思想。如为了实现"富民"目标，作为中国古典经济思想集大成和开创者的管仲认为，发展农业生产必须首先"剺田畴，制坛宅，修树艺，劝市民，勉稼穑，修墙屋"，以实现"五谷粟米，民之司命也"，"粟者，王者之本事，主之大务也"，"地僻举则民留"的经济政治主张。又如作为西方经济学集大成和开创者的亚当·斯密在其《道德情操论》中谈到，如果一个社会的经济发展成果不能真正分流到大众手中，那么它在道义上将是不得人心的，而且是有风险的，因为它注定是要危害社会的。这实际上也是富民思想的一种体现。

在当代中国，富民就是让经济社会发展成果为广大民众所享，新民是人的自我发展能力的可持续发展，通过培育新型农民创造可持续发展的人力条件。可持续发展的根基在于人的自我发展能力，只有自我发展能力的提升才能提高人类的可持续发展能力。

社会主义新农村建设的基本要求是"生产发展，生活宽裕，乡风文明，村容整洁，管理民主"。新农村建设必须"提高农民整体素质，培养造就有文化、懂技术、会经营的新型农民"。因此，新农村建设的主要目标就是培养"有文化、懂技术、会经营"的新型农民。农民是新农村的建设者，又是新农村的享有者。培育新型农民是新农村建设最本质、最核心的内容，它既是新农村建设的目标，又是新农村建设的动力。当前，全国上下正在进行着社会主义新农村建设，这实际上是一种富民新民的可持续发展实践，也是贯彻落实科学发展观的必然要求。

科学发展观第一要义是发展，核心是以人为本，基本要求是全面协调可持续，根本方法是统筹兼顾。只有发展才能不断增强综合国力，推动社会全面进步，提高人民生活水平。以人为本之首是以民为本，解决好民生问题是贯彻落实科学发展观的根本要求。发展必须坚持以人为本，尊重人民主体地位，发挥人民首创精神，做到发展为了人民、发展依靠人民、发展成果由人民共享。科学发展观要求发展必须坚持全面协调可持续，全面推进经济建设、政治建设、文化建设、社会建设，统筹城乡、区域、经济社会发展，统筹人与自然和谐发展，统筹国内发展和对外开放，兼顾和协调好改革发展进程中的各种利益关系，促进现代化建设各个环节、各个方面相协调。这其中的一个重要方面，就是要在经济发展的基础上，注重保障和改善民生，加强社会建设，推动经济和社会协调发展。在此，我们的“富民”实际上就是以保障和改善民生为基础的农民致富发展模式。如何寻找新的经济增长点，开发丰富的农村各类资源，带领农民脱贫致富，成为新农村建设的第一要务。要实现这一要务，关键在人，在于农民的素质。只有提质，才能创业；只有提质，才能富民；只有提质，才能新民，这是在科学发展观指引下“富民新民”的基本内容。

经济发展的根本目的在于改善民生，增进人民的福祉；同时，民生得到改善，也会推动经济发展。人是生产力中最活跃的因素，可见，“民生”是“富民”的基本前提，“富民”是“民生”的必然结果，“富民”是当前中国最大的民生，也是当前中国社会发展的必然选择。如果不注重民生改善，何来“富民新民”的实践。因此，“新民”是“富民”的逻辑延续，只有“富民”才能真正培育新型农民；否则，“富民”也将是“无源之水”，同样也不可持续。

时代赋予“富民新民”以新的时代价值，“富民新民”是贯彻落实科学发展观、促进社会和谐、全面建设小康社会和推动社会文明进步的要求。

二、绿色富民湄潭建设模式的发展前景

当前及今后较长的时期内，湄潭将在“绿色发展、富民新民”的新农村道路上继续探索和实践，而且，湄潭的“绿色发展、富民新民”实践将面临更多难得的发展机遇。

（一）国内经济平稳较快发展态势的外部条件

进入21世纪以来，随着国际国内形势不断发展变化，我国进入了一个重要的战略机遇期，这是对国内外环境和改革发展之间关系的一个综合性判断。

通过30多年的改革发展，我国东部沿海地区的市场经济有了较为充分的发展，国内统一市场基本形成，资金、技术、劳动力等各种资源在全国范围内自由流动，主要靠市场来配置资源，实行优胜劣汰的市场竞争机制，既节约了资源，又提高了经济效益和发展水平，经济发展方式逐步由粗放型向集约型转变。随着经济全球化和区域化程度不断加深，我国也积极加入到世界范围内的分工与合作，

在世界范围内吸引和寻找具有相对优势和绝对优势的资源，来充实我国经济发展的力量和需要，提高我国经济在世界市场的竞争力。统一的市场以及整个世界的宏观市场经济环境，必将为新农村建设提供可供选择的资金、技术、劳动力、管理等各项资源，也将为新农村建设带来先进的经济思想和经营理念，对新农村建设产生巨大的积极影响。随着全国产业结构转移和调整，将促进资本、技术、产业加速向资源富集和劳动力、土地成本较低的地区转移，作为西部农业县的湄潭具有承接转移绿色产业发展的良好基础和优势，有广阔的发展空间。这为湄潭进一步打造“绿色发展、富民新民”新农村建设模式创造了宏观外部条件。

（二）新一轮西部大开发的带动

2000 年 10 月，国务院在《关于实施西部大开发若干政策的通知》中指出，实施西部大开发战略，加快中西部地区发展，是我国现代化战略的重要组成部分，具有十分重大的经济政治意义。如此战略定位，为湄潭新农村建设提供了广阔的空间和良好的机遇。在西部大开发战略实施十周年之际，中共中央、国务院在北京召开西部大开发工作会议，国家主席胡锦涛对今后 10 年深入实施西部大开发战略提出了总体目标。根据西部大开发的规划，目前已经进入以培育特色为主的快速发展阶段。

经过 10 年的开发，西部地区经济发展、社会进步、民族团结、边疆稳定，各项事业取得了显著成就，为全国经济发展开辟了新的广阔空间，也有力地促进了区域经济协调发展。但是，西部地区的发展后劲仍显不足，而且生态环境脆弱将是永久性的制约因素，在全球气候环境危机日益加重的情况下，西部地区作为全国乃至全世界生态环境屏障的功能更加突出，这就突出了西部地区的生态与资源保障价值。因此，在这样的背景下，从目前的投入领域来看，新一轮西部大开发除了继续把交通、水利等基础设施建设放在优先地位之外，还在加强生态建设与环境保护、保障和改善民生方面提出了新的举措，而且强调以增强自我发展能力为主线，建设成为国家重要战略资源接续区，努力形成传统优势产业、战略性新兴产业和现代服务业协调发展新格局。这无疑对湄潭“绿色发展、富民新民”的新农村建设与实践提供了深入发展的现实条件。

（三）湄潭的区位优势和发展潜力

湄潭毗邻黔北综合经济核心区，处于成渝经济区、黔中经济区辐射范围内，是全国农村改革试验区和贵州省农村综合改革试验区，蕴藏着无限的发展潜力，有利于增强自我发展能力加速发展。贵州省委省政府加速发展、加快转型、推动跨域的态度坚决、信心十足，力度之大、政策之实前所未有，特别是随着“工业强省”和“城镇化带动”战略、“黔中率先崛起、黔北加快跨越”区域发展战略、加快把遵义建设成为统筹城乡发展试点市和成渝经济区产业扩散转移的重要辐射区等政策深入实施，遵义市中心城区“退二进三”、“退城进园”产业布局调整加快，必将推动区域经济社会持续发展。

经过长期艰苦努力，湄潭县域经济综合实力显著提升，基础条件明显改善，发展环境不断优化，内生动力持续增强，特别是随着杭瑞高速、黔北高速、新舟机场、沿江港口等重大交通基础设施的开工建设，湄潭区位优势日益凸显。

(四)湄潭农村改革试验的发展基础

湄潭县域经济取得较快发展。“十一五”以来，湄潭立足县情，审时度势，牢固树立科学发展观和正确政绩观，认真贯彻落实中央、省、市一系列保稳定、保增长、保民生的决策部署，以“强三基(基础教育、基层组织建设、基础设施建设)、兴产业，抓城建、促旅游”为重点，大力实施“生态立县，特色兴县，产业强县，旅游活县”发展战略，着力加快农业产业化、绿色工业化、城乡一体化和社会主义新农村建设步伐。2010年，全县生产总值完成30.9亿元，地方财政总收入实现3.2亿元，其中地方财政一般预算收入实现1.9亿元，农民人均纯收入实现4808元，城镇居民可支配收入实现13068元。目前，全县呈现出经济发展、政治安定、社会和谐、人民安居乐业的良好局面。

绿色富民湄潭建设模式初具雏形。湄潭新农村建设经过多年的不断实践，已经形成了一些卓有成效的机制，为打造“绿色发展、富民新民”的新农村建设模式打下了良好的发展基础。湄潭新农村建设模式的核心内涵就是通过“八新八化”，实现“绿色发展、富民新民”。这就是：坚持农村物质文明、政治文明、精神文明、生态文明四个文明协调发展、整体推进的新机制，以“统筹城乡新规划、高效生态新农业、文明和谐新社区、崇尚文明新文化、公共服务新体系、绿色生态新环境、全面发展新农民和情系民众新社团”的“八新建设”为抓手，实现“农业生产经营产业化、县域经济发展集聚化、农民生活方式文明化、城乡基础设施一体化、基本公共服务均等化、生产生活环境生态化、精神文明建设常态化、基层组织功能服务化”的“八化”目标，在遵义东部开发中率先实现小康，成为贵州城乡一体化发展示范区。

千帆竞发，百舸争流。如今的绿色富民湄潭建设正处于关键的快速成长期，是湄潭大力优化农村产业结构、加快转变发展方式、实现经济社会发展历史性突破和全面建设小康社会的提速赶超期。因此，只要切实增强机遇意识、忧患意识和责任意识，把思想统一到发展上来，把心思集中到发展上来，把力量凝聚到发展上来，进一步彰显湄潭“绿色发展、富民新民”的新农村建设模式，使其成为贵州高原上独具魅力的“新农村之珠”。

三、深化绿色富民湄潭发展模式的战略构想

绿色富民湄潭模式的发展战略构想应以"三农"为工作的重中之重，以绿色发展为核心，以富民新民为根本，以"三化"协调发展为目标，大力发展生态农业和绿色产业，为加快新农村建设提供产业支撑、组织保障和人力保证，为加速推进湄潭小康社会建设进程奠定坚实的物质基础。

（一）以农业产业结构调整为基础，夯实农业产业化基础

农业产业化发展不仅能够为工业化积累资金、储备人才和技术条件，而且为农产品加工业的发展和新农村建设注入新的生机和活力。一是要以推进农业产业化经营为目标，不断增加农民收入。依托湄潭茶叶、优质稻、烤烟、辣椒等丰富的农产品资源优势，按照规模化、组织化、规范化的要求，科学规划，合理布局，做大做强现代农业产业基地，促进农民持续增收；加大农业综合执法检查力度，大力开展农资市场的监督管理，加大农药兽药残留、饲料添加剂等农资产品的抽检密度，严厉打击违法经营行为，保障农业投入物资安全。二是以建设现代农业示范园为依托，不断推进农业现代化。推进农业科技创新，提高科技对农业增长的贡献率，按照高产、优质、高效、生态、安全的要求，坚持集中连片、规模发展，加快推进农业产业结构调整，大力发展设施农业、生态农业、节水农业，加快农机推广应用，促进农业生产经营专业化、标准化、规模化、集约化。通过科技支撑，提高农业单产和复种指数。同时，以点带面，整体提升农业的种养殖水平和现代化程度，不断推进农业往现代化方向迈进。三是以龙头企业为重点，不断推动"公司＋基地＋合作社＋农户"模式的完善。通过做大做强农业产业化经营龙头企业，大力发展订单农业，完善利益联结机制，引导农产品规范化种植、规模化经营，形成产、供、销一条龙服务，提高农产品就地转化增值水平。改善农村商品贸易条件，降低农村市场交易成本，大力培育各类农民专业合作社和社会中介组织，提高农业产业化的组织化程度和农特产品的市场占有率。四是发展"果品经济"，建立果品种植示范基地，积极探索"公司＋基地水果"，扩大经济果林种植面积，将湄潭可用山地荒地变成"绿色银行"。此外，各乡镇根据农业特点、资源禀赋和区位优势，按照"突出重点，凸显特色"的原则，以产业优势为依托，调整优化农业结构，集中力量发展具有比较优势和竞争优势的特色产业、龙头企业，努力打造品牌，逐渐确立"村有亮点、乡有特色、县有精品"的农业产业发展体系。

(二)以新型工业化为龙头,加快绿色工业化进程

坚持走新型工业化道路,大力发展适应市场需求、科技含量高、资源浪费少、环境污染小、附加值高、吸纳就业能力强、人力资源得到充分发挥的循环经济和绿色经济。加快推进以绿色工业为主体、多种工业产业形式并存的绿色工业化进程,扩大湄潭绿色产业发展空间,带动第一、第三产业快速协调发展,这是扩大就业和改善民生,推进城镇化、破解"三农"难题的根本途径。一是大力发展特色优势产业体系。充分发挥生物资源优势,按照"高产、优质、高效、生态、安全"的要求,调整优化农业产业结构,壮大做优茶、烟、酒、粮油、辣椒等优势产业,不断提高生产规模化、基地化、设施化、标准化和生态化水平。培育壮大一批科技含量高、产品竞争力强、市场前景好、基础条件优、产业带动强的绿色食品加工企业,引领相关产业快速发展。以技改项目为突破,以市场扩张为重点,加快精深加工项目建设,延长产业链条,提高农业产业化水平,不断开发新产品,构建独具湄潭特色的加工工业体系和绿色经济。加快产品加工、保鲜、储运、开发等环节的技术创新步伐,扩大生产规模,提升加工能力和产品附加值。培育发展装备制造、电子信息、新材料和生物技术等新兴产业。二是做大做强绿色工业园区经济。把加快绿色食品工业园区建设作为推动工业强县战略和城镇带动战略的重要载体,充分发挥产业园区科技引领、体制创新、产业集聚、土地集约的作用,大胆探索、先行先试,以改革促开放、以创新谋发展,按照集约化发展、产业链延伸、投入产出率提高的要求,统筹规划茶业、果蔬、粮油、酿造、生物健康制品等加工区与孵化区、物流区和生活服务区的合理布局和功能配套。按照省级产业园区建设"七通一平"的要求,完善园区基础设施。尽快出台推进绿色食品工业园区的支持政策,着力增强园区竞争力。把工业园区建设成为湄潭优势产业的集中区、对外开放的窗口和县域经济发展的增长极,成为全省乃至全国有重要影响的特色园区。同时,启动规划建设一个"创业园区",为实施工业强县战略搭建更加宽广的平台。三是大力发展循环经济。坚持工业发展与保护生态环境结合,大力发展循环经济和低碳经济,扎实推进工业节能降耗、污染减排,推进土地、能源、资本等资源的集约节约使用,提高投入产出效率,努力构建工业化可持续发展的长效机制。以更加优惠的政策,大胆探索制定有吸引力的招商引资配套政策,吸纳一批生态型、环保型、循环型、高科技企业向园区聚集,不断提高园区企业的科技含量与生产效益。建立完善工业园区项目准入制度,制定刚性约束措施,绝不允许高污染、高消耗、低水平的项目入园。

(三)坚持走产业城镇融合发展,强力推进城镇带动战略,引领城乡协调发展

加快城镇化进程是促进经济转型升级,实现湄潭经济社会快速发展的重要途径,是推动城乡一体化发展的根本要求。城乡一体化是城市化发展的一个新阶段,是随着生产力的发展而促进城乡居民生产方式、生活方式和居住方式变化的过程,是城乡人口、技术、资本、资源等要素相互融合,互为资源,互为市场,互相服务,逐步达到城乡之间在经济、社会、文化、生态上协调发展的过程。一是加快产业发展,大力发展小城镇,走特色城镇化发展路径。加快产业发展,完善城镇的服务功能,加大重点城镇在配置资源、提高效率、统筹城乡发展等方面的带头示范作用;加大公共服务、基础设施、城市文明建设向农村延伸覆盖,切实提升重点城镇辐射带动能力。立足区域特色,遵循科学性、前瞻性原则,尽快调整完善小城镇发展规划,沿326国道、204省道和湄汶线、黄瓮线形成条块小城镇群,加快重点小城镇建设的同时,其他乡镇要结合自身实际,立足特色,发挥其在吸纳农村劳动力、繁荣农村经济、促进农民增收等方面的作用,逐步形成生态文化特色明显、旅游特色突出、城镇功能完善的新型小城镇;积极推进生态文明建设,重点突出自然环境、产业特征和城镇建设与自然环境相融合,努力打造功能配套设施完善的"一镇一特色"的城镇体系,把中心集镇发展成为具有较强带动能力的农村区域经济和文化中心。二是积极推进村庄城镇化。要结合新农村建设、村庄整治和"四在农家"创建,依托茶青交易市场等特色农产品专业交易市场和中央财政专项资金"一事一议"项目的实施、基层组织阵地建设、公共服务基础设施建设等农村基础设施项目的推进,切实优化村庄布局,突出新型农村社区建设,建好配套设施,鼓励和引导农民相对集中居住,提高农民生活质量,推进村庄城镇化进程。三是创新城镇化发展的体制机制,统筹城乡发展。加快农村劳动力转移,统筹城乡发展。把做强产业作为做大城镇的首要任务,以加快农村劳动力转移为重点,依托自身比较优势,结合发展特色经济产业,推动有较强带动作用的重大项目建设,培育壮大优势特色产业,注重产业支撑。鼓励发展一批具有比较优势的劳动密集型企业,增加就业岗位,吸纳农民进城就业,促进农村人口向城镇集聚定居和农村劳动力向二、三产业转移。逐步消除对进城务工农民子女在入学、社会保障、住房等方面与城镇居民的差别,打破城乡二元结构,实行一视同仁的政策;提高农民的思想道德素质,促进入城农民与县城居民和谐相处,顺利融入城镇生活,使农民从职业、住房、身份、生活等方面逐步转变。完善城镇发展的投融资体制。引入市场机制,强化政府对城镇经营的宏观调控作用,把城镇作为政府最大的资产进行经营;综合运用城镇的土地资本、地域空间和其他要素,以市场化方式对城镇进行统一的运作和经营,发挥政府资金导向作用,建立

起多形式、多渠道的城镇建设资金投入机制；探索建立城镇建设用地增加与农村建设用地减少挂钩机制，推进城镇用地节约集约发展。积极推进户籍制度改革。进一步改革户籍管理制度，降低城镇落户的门槛，逐步实现劳动力在城乡之间、不同行业之间和不同所有制企业之间的合理有序流动。凡在城镇范围内有合法固定住所和收入的农民工及其共同居住生活的配偶和子女，可根据本人意愿登记城镇户口。进城务工的农民工，只要签订劳动用工合同，缴纳社会养老保险，都可以到务工所在地落户，并可根据本人意愿，保留其宅基地和承包土地的权利，允许农民按照依法、自愿、有偿原则，进行土地承包经营权流转。对非公有制单位聘用非本地生源的高校毕业生取消落户限制。大力加强撤村建社区工作，积极推进农民变市民。

（四）实施生态旅游发展战略，全力推动旅游产业快速发展

明确旅游大产业目标，充分开发生态旅游资源，发展特色旅游，以茶旅一体化为重点，加快旅游基础设施建设，挖掘和丰富旅游文化内涵，把湄潭建设成为具有文化品位、富有地方特色的集茶文化旅游、农业观光、休闲度假、会议商务等旅游功能突出、特色鲜明的旅游目的地和集散地。一是积极利用湄潭丰富的绿色旅游资源，全力推进旅游设施及景点建设。进一步发挥资源优势，加快旅游基础设施建设，完善旅游服务功能，挖掘和弘扬自身文化内涵，做好景区、景点、景观的包装和打造，提高各景区间的连接性、进入性和舒适性。坚持旅游、文化、宣传、体育“四位一体”，全面超前规划生态旅游发展战略，重点实施好“五大工程”：以“中国茶城”为主的综合旅游服务项目；以天下第一壶、中国茶海等景区为依托的茶旅一体化工程；以温泉和五星级酒店为重点的国际休闲度假城工程；以黔北民居为特色的乡村旅游工程；以百面水为重点的南部景区打造工程。进一步加大旅游行业管理，深化旅游管理体制改革，积极探索景区农民利益分配机制，规范旅游业发展秩序，提高服务质量，改善市场环境。二是大力发展文化旅游产业。以红色文化为引领，以茶文化为核心，以浙大西迁文化为重点，以新农村文化等地方特色文化为主流，实施一批重大文化产业项目，培育一批文化骨干企业，提高文化产业规模化、集约化和专业化水平。积极发展以数字、网络技术应用为重点的新兴文化业态。深化茶文化、浙大西迁文化、红军长征文化内涵，挖掘、保护、开发各类文化和文艺资源，力争形成1～2个有较大影响力的地方文化艺术品牌。加快文化市场的培育管理，着力构建促进文化文艺产业大发展、大繁荣的体制机制。加强文物和非物质文化遗产的保护、申报和利用。加强文化交流与合作，以打造重大文化品牌为主攻点，搭建和夯实文化艺术平台，运用各种艺术形式和艺术元素，开展具有综合性、特色性的文艺盛会活动。三是践行生态

文明之路，加强生态建设和环境保护。牢固树立生态文明理念，全面推进生态建设和环境保护。大力实施水土保持、天然林资源保护、退耕还林、防护林等建设工程，提高森林覆盖率。推进城镇公共绿地、环城林带、交通沿线绿化带建设。以百里湄江绿化为纽带，对湄江河实施综合治理和河堤改造，带动县城绿化建设，提高绿覆率和绿视率。加强重点领域、重点区域的环境保护，推进环境综合治理，强化环境保护目标责任制、主要污染物排放总量控制、排污许可和环境影响评价制度，发展环保产业，实现湄潭天更蓝、地更绿、水更清、景更秀。加快地质灾害的区划调查与评估，建立健全防灾减灾和监测预警体系，推进地质灾害防治和矿山环境恢复治理工作。

（五）积极推进生态文明建设，强化生态建设与环境保护

以创建国家级生态县为抓手，切实加强生态建设，提升生态文明水平，积极发展低碳经济，加大环境保护力度，节约集约利用资源，推进资源节约型、环境友好型、人口均衡型社会建设，全面增强区域可持续发展能力，把湄潭建设成为经济与环境协调发展，人与自然和谐共生的“山水茶园”城市。一是强化生态体系建设，创建国家级生态县。重视生态保护，搞好生态治理，科学安排，坚持保护优先、有序开发，以生态文明理念实施生态环境功能区划，强化生态建设和环境保护，因地制宜推进连片成片造林，实施城乡绿化和水系整治，注重水土保持，逐步完善生态环境补偿机制，构建生态安全体系，提升人居环境质量，建设优良人居生态环境。二是强力推进节能减排，发展低碳绿色经济。落实污染物总量减排，提高资源利用率。积极发展低碳经济，争创国家低碳经济试验区。以优化资源利用方式为核心，以提高资源利用率和降低废弃物为宗旨，以技术创新为动力，逐步形成低消耗、低排放和高效率的节约型增长方式。统筹土地资源的开发利用和保护，推动土地集约化利用、规模化经营。以绿色资源优势为依托，挖掘绿色生产优势，开发绿色产品优势，建立绿色产业优势，实现优势资源向优势产业的转变，发展生态经济，加强资源能源节约，加快形成节约能源资源和保护生态环境的产业体系，走产业生态化、生态产业化的发展之路。大力发展生态型效益农业。实行多种经营模式，加快发展特色优势农产品种植，综合开发和充分利用农业自然资源，抓好精品农业、基地、示范园区等生态经济区建设。着力加强茶园管理，普遍推行无公害化生产，加快推进有机化建设，提高茶叶品质，确保生态、优质、安全，努力使湄潭茶在激烈的市场竞争中立于不败之地。大力发展生态旅游业，根据旅游业的发展趋势和市场需求，把“生态旅游”作为新的经济增长点来抓。三是加大污染防治力度，提升城乡环境质量。加强农村环境保护，以畜禽养殖污染、土壤污染、农村生活垃圾污染治理为重点，有效控制农村面源污染，

完善生活中的污染防治，完善生态环境监测预警和监督执法体系，落实污染物减排考核和责任追究制度。在农村普遍推行沼气工程，大力推行“养殖—沼气—种植”的生态农业模式。加强工业生产的污染防治，加大工业治污力度，依法关停超标排放企业，杜绝工业污染向农村地区转移。大力开展污染控制，着力解决人民群众反映强烈的环境问题，促进城乡环境质量持续改善，保障环境安全，让人民群众拥有一个清新宜人的绿色家园。四是完善环境保护机制，严格执行环保政策。将环境保护与生态县建设列为国民经济和社会发展规划的核心内容，加大制度创新力度，进一步提高环保投入占 GDP 的比重，加快公共环境的设施建设、环保管理机制完善与管理市场化改革，强化环保监管和执法，保住青山绿水、蓝天净土，赢得加快发展的主动权。

(六)加快发展社会事业，提高城乡公共服务水平

以促进人的全面发展为目的，着力发展各项社会事业，促进公共服务均等化，改革公共服务供给模式，切实履行政府公共服务职能，促进社会发展成果普惠共享，加快提高城乡公共服务水平。一是加强教育优先发展，强化培养新型农民素质。坚持教育优先和适度超前发展的原则，切实加大投入，巩固“两基”成果，优化教育资源配置，促进教育均衡发展，形成学前教育、义务教育、高中阶段教育、职业教育、民办教育协调发展的良性机制；加强师资队伍建设，多渠道扩充教师队伍，全面提高教师的思想道德素质和专业水平，做好教师继续教育工作，努力实现教师资源均衡化。二是全面普及科学技术，强化科技支撑作用。坚持“合作创新、加强转化、重点突破、引领跨越”的原则，围绕湄潭新农村建设的重点，增强科技对发展生产的支撑作用。全力实施“科教兴湄”战略，建设区域创新体系，加大科技人才队伍建设，推进科技事业蓬勃发展，为经济社会的跨越式发展提供有力的科技支撑；深化科技体制改革，推进创新要素向重点产业和企业聚集，促进科技成果转化；加强农村科技知识的普及、应用、推广，使农民树立健康的生活观。三是完善公共卫生服务体系，优化卫生资源配置，加大农村卫生投入，不断提高城乡居民健康水平。着力深化医疗卫生体制改革，巩固和完善国家基本药物制度，改革公立医疗机构运行机制，确保医改取得实效，提高城乡居民健康水平；健全以县级医院为龙头，以乡镇卫生院为枢纽，村卫生室为基础的三级医疗卫生服务网络；建立覆盖城乡居民的基本卫生保健制度和不同形式的医疗保险制度；加强妇幼卫生保健，建设县级计划生育妇幼保健中心以及乡镇计划生育妇幼保健站，使育龄妇女人人享有生殖保健和基本医疗保健，降低孕产妇和婴幼儿死亡率，提高妇女儿童健康水平。四是发展文体事业，进一步完善公共文化服务体系，全面推进全民健身体系建设，努力满足人民精神文化需求，提高居

民生活质量。加快文化信息资源共享工程建设，实现信息资源社会共享；加强文化基础设施建设，加快公益性文化设施建设；积极发展公益性文化事业，推进文化信息资源共享、农村公益电影放映、农家书屋等惠农工程，积极开展送文化下乡活动；积极发展文化产业、完善文化市场，初步建立比较完善的文化事业管理体制和充满活力的运行机制。全面实施全民健身计划纲要的目标任务，以群众体育为主，积极倡导全民健身运动；完善体育基础设施，坚持国家办与社会办相结合，逐步形成以社会办为主的多元化体育服务体系，逐渐形成以社区体育形式丰富群众文体生活。五是优化人口计生工作，稳定低生育水平，保障妇幼基本权益，完善流动人口管理服务体系，统筹解决人口问题，促进人口与经济社会协调发展。以稳定低生育水平为目标，以加强基层计生服务设施网络建设和人口计生"PIS"信息化系统为依托，巩固"国优"成果，大力提高出生人口素质；推行新农村新家庭计划，继续实行以"奖励扶助"制度为龙头，"少生快富"为支撑，"奖优免补"为主要内容的利益导向机制，着力解决计生家庭"率先致富、子女成才、老有保障"问题，使农业人口独生子女家庭"奖优免补"政策兑现率达100%；探索和完善流动人口服务管理新模式，全面推行"流动人口服务管理综合信息系统"，切实解决流动人口进城以及就业、就医、定居、子女入托入学等方面的实际困难；加强养老服务设施建设，积极应对人口老龄化问题；以"关爱女孩"、"关怀留守儿童"行动为载体，进一步开展婚育新风进万家活动，将出生人口性别比控制在正常值范围内，明显提高出生人口素质，形成社会主义新型的婚育观念和生育文化。

(七)大力实施民生工程，加快构建和谐湄潭

全面提升社会服务能力和社会管理水平，坚持社会公平正义，更加注重共享式发展，把切实保障和改善民生作为一切工作的出发点和落脚点，大力实施民生工程，构建"美丽湄潭"。一是完善社会保障体系，统筹城乡一体发展。结合"湄潭试验区"统筹城乡改革，逐步推进建立城乡统筹的社会保障体系，积极发展社会福利事业，多渠道筹措社会保障资金，提高保障水平。坚持广覆盖、保基本、多层次、可持续的方针，加快推进覆盖城乡居民的社会保障体系建设。扩大城镇基本养老保险覆盖面，实现新型农村社会养老保险制度全覆盖；积极推进城乡医疗改革及失业、工伤、生育保险等，提高统筹层次，完善各类社会保险关系转移接续办法。二是努力扩大就业，提高居民收入。树立"就业是民生之本"的思想，统筹城乡劳动就业，实施更加积极的就业政策，鼓励发展社会服务业和中小企业，努力提高就业水平，加大创业扶持，推进创业促进就业，使经济发展与促进就业相协调。建立劳动者自主择业、市场调节就业、政府促进就业并举，建立城乡统筹

的公共就业服务和再就业援助制度，提高全社会就业率。三是加强公共安全管理，建设平安湄潭。强化安全综合治理，推动社会治安切实好转，加强食品药品安全和商品质量监管，完善城市应急机制，加强安全生产管理，全面打造平安湄潭。四是健全社会服务体系，完善社会管理机制。加强和创新社会管理，健全党委领导、政府负责、社会协同、公众参与的社会管理格局，加强社会管理、体制、能力建设，充分发挥基层自治组织和社会组织在社会管理和服务的作用。五是大力实施城乡住房保障体系建设工程。实施保障性住房建设和城乡住房改造工程，健全完善廉租住房、经济适用住房、公租房等保障性住房供应体系，加强农村危房改造，对住房困难群体实施救助。六是健全城乡社会救助体系。实现城乡社会救助全覆盖，大力发展社会福利事业、残疾人事业、老年人事业和社会慈善事业，逐步建立城乡一体的、以最低生活保障为基础，医疗、教育、住房、就业和其他多种帮扶机制为辅助的社会救助体系。

（八）加快培育新型农民，加强人才队伍建设，奠定坚实的人力保障

农民是新农村建设的直接受益者，也是推进新农村建设的主体和动力之源，因此应牢固树立人力资源是第一资源观念，加快培育新型农民，确立人才优先发展战略。一是培训新型农民。充分利用远程教育网络平台，推进职业技术教育信息网络和专业教学资源库建设，使农民群众充分享受优质教育资源，不断提升职业技术教育信息资源在培训新型农民方面的应用水平；加强农民学历继续教育及非学历教育，构建终身教育体系，促进总量增长和素质提高；加强农民的技能教育，为社会输出培养技能型人才；加强农民的素质教育，为本地龙头产业培养适用型人才；加强农民的农业技术教育，加强主要农作物、茶叶、烤烟种植技术和渔业养殖技术的应用与推广，为建设新农村培养农业技术人才。增强群众的主体意识，继续开展“新农村建设十佳青年标兵”、“十佳黔北民居”、“新农村和谐家庭”、“十佳黔北民居建筑工匠”等评选活动，进一步营造浓厚的社会氛围，让人民群众积极主动参与新农村建设。增强农民的法律道德意识，坚持送科技、文化、法律、电影下乡，实施“文化创新”工程，引导农民更新观念、移风易俗、和睦团结、互利互助，逐步建立新农村思想道德体系；大力宣传土地、婚姻、计划生育、环境保护等涉农方面的法律法规，提高农民的法律素质、文化素养和文明程度，建设社会主义和谐新农村。二是加强人才队伍建设。牢固树立人才资源是第一资源观念，确立人才优先发展战略，加大为人才服务力度，营造人才创业的环境，为人才施展才华提供良好的环境，使各类人才“引得进、留得住、出业绩”。坚持引进与培养一批具有创新思想、创新理念和先进管理经验的优秀企业家、科技管理人员；引进与培养一批科技创新型、技能实用型、社会事业管理等各类专业人才；

高度重视和抓紧培养党政人才、农村实用人才和各种民间艺人、能工巧匠。做好人才的继续教育工作，有计划、有重点地组织中青年专业技术人员、优秀管理人员到高校深造，动员鼓励大中专毕业生到农村基层工作，充实农村人才队伍。三是加大人才培养投入力度。健全政府、社会、用人单位和个人多元人力资本投入机制，加大对人力资源开发的投入，完善对科技人员的股权激励、职称评定、成果奖励、知识产权保护和政府津贴等政策措施，优化人力资源流动环境，提高人力资源市场的信息化水平。完善人才管理机制，健全人才评价制度，建立党政人才重在群众认可、企业经营管理人才重在市场和出资人认可、专业技术人才重在社会和业内认可的人才考核评价体系。

(九)加强基层组织建设，为湄潭新农村建设提供坚强的组织保障

加快建设谋发展、讲团结、真奋斗的发展型领导班子和干部队伍，大力营造“风清气正、工作要实、干部要干、发展要快”的良好氛围，为湄潭新农村建设和县域经济社会发展实现历史性突破提供坚强的组织保障。一是加强党的基层组织建设。要加强党的思想建设，把上级的要求与湄潭实际紧密结合起来，解放思想，转变观念，鼓励闯、鼓励试、鼓励干，形成积极向上、奋发有为、创先争优的干事氛围。要加强党的作风建设，大兴求真务实之风，大兴调查研究之风，坚决反对形式主义、官僚主义和弄虚作假。要加强党的制度建设，完善决策执行机制和跟踪督办机制，建立健全目标分解、工作落实和政绩考核配套机制，形成一抓到底、层层见效的工作链条。二是加强社会主义政治文明建设。坚持和完善人民代表大会制度、中国共产党领导的多党合作和政治协商制度以及基层群众自治制度。大力推进政务、村务公开，发展基层民主，保障人民群众依法行使选举权、知情权、参与权、选择权、监督权。完善乡镇人民代表选举制度和村支两委民主选举制度，发挥广大人民群众新农村建设的主体作用和首创精神。增强农民的民主意识，扩大和保障农民的民主权益，做到让农民知情、请农民参与、使农民认同、受农民监督，使建设新农村的过程成为农民群众参与发展、共享成果、实现价值的过程。同时，引导农民加强民主管理，发展农村政治文明。高度重视安全生产工作，全面加强城乡社区建设，不断创新和完善社会管理，健全社会治安防控体系，深入开展“平安湄潭”创建工作。三是加强社会主义精神文明建设。把社会主义核心价值体系融入国民教育和精神文明建设全过程，大力弘扬长征精神、遵义会议精神和贵州精神。加强以社会公德、职业道德、家庭美德、个人品德和未成年人思想道德为重点的社会主义思想道德建设，加强农村精神文明建设，培育农村文化队伍，开展形式多样的精神文明创建活动，为共同创造美好家园提供强大的思想保证和精神动力。四是充分发挥各级党组织的战斗堡垒和全县共产

党员的先锋模范作用。各级党组织和广大共产党员要坚定不移地贯彻党的理论和路线方针政策，牢固树立科学发展理念，全面贯彻和落实新农村建设的部署和要求。党的基层组织要以深入开展创先争优活动为载体，建立健全促进又好又快、更好更快发展的长效机制。各级领导干部和广大共产党员要坚持全心全意为人民服务的根本宗旨，树立正确政绩观，努力做出经得起实践、人民、历史检验的实绩。

（十）提升政府行政效能，加快投资体制改革，切实改善投资环境

加强改革创新实践，提高政府行政效率，完善行政体制环境。一是强力推进执行力建设。在加强和完善制度中提高执行力，进一步建立健全重大决策部署执行情况定期检查和专项督查制度以及纪律保障机制，加大行政执行、监督和责任追究力度。切实加强干部思想作风建设，狠抓各项工作落实，全面落实首问负责、全程代理、限时办结等制度。坚持高效行政，推进行政审批制度改革，进一步精简审批项目、规范审批环节、缩短审批时间，努力实现服务提质提速。认真办理人大建议和政协提案，建立交办、商议、调度、督查、考评五大工作机制，推进办理工作制度化、规范化，努力提高办理质量。二是健全公共财政政策。继续深化财税管理体制改革。正确处理富民与强县的关系，加强财源建设，强化税收征管和综合治税，稳步提高财政收入水平；继续让利于基层、让利于企业、让利于民，充分调动和发挥县、乡两个积极性；完善政府投资管理制度，强化政府投资资金的统筹协调，积极整合各类财政资金，集中财力办大事，把有限的财力用到人民群众最关心、最急需解决的事情上；强化财政预算刚性约束，细化部门预算，加强和改进资金监管，开展政府投资项目公示制度、项目后评估制度、责任追究制度，提高政府资金的使用效益。三是加快投融资体制改革。强化政府融资能力，通过合并重组、经营性项目收益权划拨、营业税返还以及国债资金、存量资产、规费、土地储备收益权注入等方式，整合做强国有投融资公司。强化企业投资政策引导，进一步规范企业投资项目核准制和备案制。对非经营性政府投资项目进一步推行代建制。四是拓宽项目融资渠道。积极引进和培育金融机构，健全银企合作机制，引导和激励金融机构调整信贷投向、改进信贷结构、扩大信贷规模，提高金融对地方经济社会发展的贡献率。进一步拓宽社会投资的领域和范围，鼓励社会资本以独资、合作、联营、参股、BOT 等方式进入基础设施、公用事业、文教体卫事业和社会福利等领域。五是切实改善投资软环境。以“争先创优”、“践行宗旨教育”为切入点，坚持“议有决、决有行，言必行、行必果”的工作作风，倡导特事特办、急事急办，坚决杜绝“门难进、脸难看、事难办”和“吃、拿、卡、要”等不良风气，全力加大“治庸、治贪、治懒”的力度，真正形成人心思干、人心思上

的良好局面。进一步完善领导和部门联系重点企业和民营企业制度，加强协调服务，积极主动解决企业困难，营造政府全力扶持企业、全民服务企业、全社会支持企业的氛围，努力营造宽松优越的投资环境。

总之，从发展战略来看，绿色富民湄潭建设应以深化农村综合改革试验工作为核心、“四在农家”为内容、黔北民居风格为符号、农业产业为支撑、现代农业为方向，加快实施社会主义新农村战略；紧紧围绕“一个主题、三大任务”，推进第四轮农村综合改革试验试点工作，为贵州高原农村改革探路子、做示范，着力推进社会主义新农村建设纵深发展；以“四在农家”创建活动为载体，坚持以农民为主，政府补贴为辅，继续推进黔北民居新村建设计划，实现“居者有其屋”、“居者有好屋”，让老百姓生活得更有精神、更有尊严；以建设现代农业示范园为载体，加快推进农业产业结构调整，不断推进农业往现代化方向迈进；以优势产业为重点，依托茶叶、优质稻、烤烟、辣椒等丰富农产品资源优势，不断扩大基地种植规模和管理水平，打响“有机”、“绿色”、“无公害”品牌；以龙头企业为抓手，做大做强农业产业化经营龙头企业，不断推动“公司＋合作社＋基地＋农户”模式的完善，提高农业产业化的组织化程度和市场占有率；建立城乡统一的社会保障体系，完善农村公共服务供给机制，进一步完善农村农业基础设施建设，努力构建文明和谐新农村；积极探索在保住绿水青山的同时加大转化为金山银山力度和继续“富民”的同时加大“新民”力度；加快做实湄潭新农村建设的人力保障和组织保障；加大行政执行力，提高行政效率，塑造良好行政环境。

改革未有穷期，发展永无止境！绿色富民湄潭正处于经济社会崭新的发展加速期、战略机遇期。湄潭县委县政府坚持“加快发展、加快转型、推动跨域”的主基调，正按照湄潭县“十二五”规划要求，“快”字当头，提速赶超，坚定不移地实施社会主义新农村建设战略，积极推动“绿色发展、富民新民”，加快推进城乡一体化进程，把湄潭广大农村打造成为中国最美乡村。

时值不断倡导改革创新的新时期，绿色富民湄潭建设模式将秉承“富民与美村同步”的理念，以科学发展观统领全局，高举发展、团结、奋斗的旗帜，以加快发展为依托，以富民新民为己任，以美丽湄潭建设为契机，把思想统一到发展上，把心思集中到发展上，把力量凝聚到发展上，奋勇当先，不辱使命，坚定信心，克难攻坚，以发展生态经济为重要抓手，奋力推进绿色富民湄潭模式发展，为推动社会主义新农村建设作出更多的贡献，为全面建设小康社会而努力奋斗！

后　记

2006年中央提出建设社会主义新农村后，遵义市各县、区、市就如火如荼地开展了新农村建设的实践与探索，并率先在中央电视台播出余庆"四在农家"模式，随后各地根据本地区实际进行了新农村建设的具体实践。湄潭县不仅在农村土地产权制度改革、农村税费改革方面是国家农村改革试验区，而且在新农村建设过程中走出了一条自己的绿色富民之路。在经济发展过程中，不管是现有的经济理论，还是人们对经济发展过程的认知，及不少地区进行经济建设的实践，都认为保护生态环境与地方经济发展是相互矛盾的。发展地方经济就要破坏现有环境，保护环境则经济就搞不上去。湄潭县则走了一条通过茶产业这一既能保护生态，又能带动地方经济发展，还能带动农民致富的道路，即绿色富民之路。绿色富民之路对传统经济理论进行了实践的挑战，实现了经济发展、财政增收、农民富裕、生态保护和企业发展的多赢格局，而且培育了新型农民，形成了湄潭的农民文化，唱出了受中央领导高度重视的《十谢共产党》。诚然，湄潭新农村建设的实践是丰富多彩的，虽然我们多次到湄潭进行调研，但仅靠短期的研究是没有办法归纳其全部内容的，呈现在大家面前的是我们不成熟的认识。本书是贵州大学、浙江大学和湄潭县有关学者、工作人员集体劳动的成果，浙江大学黄祖辉教授提供了写作的初步提纲，我们根据湄潭的实际情况，与湄潭县相关部门一起研究完善了提纲。本书第一章、第四章由安海燕副教授与杨琦博士撰写，第五章由安海燕副教授撰写，第二章由申鹏博士、杨琦博士撰写，第三章由我与冯永辉硕士撰写，第六章、第七章由申鹏博士、李波副教授撰写。贵州大学唐娜

副教授、赵立新老师及湄潭县委、县政府、县政协有关部门的同志，贵州大学研究生尚名扬、曾宪浩参与了调研。本书是浙江大学、贵州大学和湄潭县三方合作的成果之一，是湄潭新农村建设研究院的重要成果，书稿的完成得到了浙江大学中国农村发展研究院（农业现代化与农村发展研究中心）、贵州大学、湄潭县委、县政府、县政协的大力支持。同时，本书也是教育部人文社会科学重点研究基地重大招标项目“中国山区绿色发展生态富民的路径与对策研究”的阶段性成果、贵州大学人文社会科学基金项目（2011GDZD001）“湄潭新农村建设研究”的最终成果。我们要特别感谢浙江大学黄祖辉教授、贵州大学常务副校长封孝伦教授、中共湄潭县委书记腾昭义、县长杨游明、县政协主席张志勇、县政协副主席黄正义对调研、书稿完成的关心和支持，浙江省农业科学院的胡豹博士为书稿的完成付出了较多的劳动，本书的顺利出版还得到浙江大学 CARD 国家“985”三期工程的资助，湄潭县有关部门和乡镇为我们调研提供了大量的资料和支持，浙江大学出版社的陈丽霞编辑为书稿的顺利出版付出了辛勤劳动，在此一并致谢！由于时间和水平有限，其中错误在所难免，敬请各位同仁批评指正。

洪名勇

2012 年 8 月